Meinen Kindern gewidmet

Danke an meine Freunde, die mich ermutigten weiterzumachen: Tanja, Evy, Christiane, Justine, Matthias, Karin, Spike, Richy u.v.m.

Inhaltsverzeichnis

VORWORT

Dieses Buch wurde für Alle geschrieben, die sich für Selbstreflexion interessieren. Es ist für Anfänger und Fortgeschrittene.

Mein ganzes Leben habe ich mich dafür interessiert, wie man ganzheitlich gesund und glücklich bleiben kann. Dabei stieß ich immer wieder auf die Bedeutung der eigenen Gefühle und das Unterbewusstsein. Das, was uns in der Jugend eingetrichtert wurde, hat uns vielleicht im späteren Leben nicht mehr geholfen und wurde so zu negativen Glaubenssätzen.

Das Unterbewusstsein kann automatische Muster entwickeln, die uns nicht immer klar sind. „Das Unterbewusstsein lernt durch Wiederholungen. Je öfter es bestimmte Informationen präsentiert bekommt, desto stärker manifestieren sich solche Aussagen über das Dasein."

(Quelle: https://medlexi.de/Unterbewusstsein. Gesichtet am 20.10.24 um 15:04 Uhr.)

Das Unterbewusstsein kann die Verhaltensweisen kontrollieren, die vom Bewusstsein vernachlässigt wurden. Es gibt Fachbereiche, wie z. B. die Psychoneuroimmunologie, die sich mit den Verknüpfungen unserer Gefühle und unserem Organismus auseinandersetzen. Jeder Reiz erreicht uns zunächst auf der unbewussten Ebene und dringt dann zur bewussten Ebene hoch. **Glaubenssätze** können sich im **Unterbewusstsein** automatisieren, und dies manchmal nicht zu unserem Vorteil.

Da das Unterbewusstsein in Bildern spricht, sind **Bilder und Symbole** eine gute Möglichkeit, mit Ihrem innersten Geist in Kontakt zu treten.

Die in diesem Buch angesprochenen Selbsthilfe-Techniken haben mir geholfen, meine innere Mitte in Krisenzeiten wiederzufinden.

Das Buch hat nicht den Anspruch, alle angesprochenen Methoden ausführlich zu erklären. Dafür gibt es schon genügend andere Literatur.

Dieses Buch fördert das Bewusstsein darüber, was noch fehlen könnte. Die Geschichte enthält Mut machende Beispiele, die motivieren weiterzumachen, um seine persönlichen Ziele zu erreichen.

Ein Kompass gibt Orientierung. Der nächste Schritt wäre, den Weg zu navigieren.

Ich wünsche allen Lesern von Herzen ganzheitliche Gesundheit und inneren Frieden.

Ihre Myriam Adams

Anmerkung:

Die Bilder, die in dieser Geschichte aufgeführt sind, sind entweder aus dem Buch der Großmutter oder aber Sarahs eigene Zeichnungen. Sie haben nicht unbedingt direkt etwas mit Sarahs Geschichte zu tun. Aber wenn Sarah zurückblickt, war sie immer wieder erstaunt, wie ähnlich die Probleme der Menschen sind. Obwohl ihre Großmutter zwanzig Jahre zuvor das Journal schrieb, hatte Sarah das Gefühl, dass die Zeichnungen aus dem Tagebuch eine große Ähnlichkeit mit der Situation hatten, in der sie sich befand. Und wie es der Zufall wollte, fand sie gerade zur rechten Zeit genau die Zeichnungen, die am besten zu ihrer Situation passten.

KAPITEL 1 - SARAH FÜHLT SICH ALLEIN

„Liebe ist stärker als alles andere", hatte ihre Oma immer gesagt.

„Aller Anfang ist schwer", zitierte ihr Vater vor kurzem. Na toll. So ein Umzug war purer Stress und Sarah wusste wirklich nicht, wo und wie sie anfangen sollte. Sie fühlte sich gespalten. Da waren zwei Stimmen in ihr: auf der einen Seite wollte sie so positiv sein wie ihre Oma. Auf der anderen Seite sah sie alles nur schwarz und malte den Teufel an die Wand. Sie war in die Wohnung ihres Vaters zurückgezogen und fühlte sich unendlich allein und verlassen.

Der kalte und leere Raum spiegelte ihr Innerstes wider.

Sarahs Blick verlor sich draußen in der dunklen Unendlichkeit. Sie war voller Frust, da ihr Freund sie sitzen gelassen hatte. Wie konnte sie so etwas nur verzeihen? Gerade jetzt, wo sie ihn am dringendsten brauchte. Der Regen trommelte auf die Veranda. Es war so laut, dass der Wind und der Regen alle anderen Geräusche verschluckten. Sie wusste, dass auch der Regen eine Daseinsberechtigung hatte. Aber warum gerade heute? Heute, wo sie Sonnenschein brauchte, um ihre einsame Seele aufzuwärmen. Sie legte sich aufs Bett und wusste nicht, was sie mit dem Tag anfangen sollte. Ihre Seele glich einem kargen Wüstenboden, als ihre Tränen versiegten.

Da hörte sie ganz leise ihre Katze Amruk. Zunächst war es wie ein leises Fiepen, welches dann in ein Schnurren überging.

Oder war das nur in ihrer Vorstellung? Hören konnte Sarah es nicht richtig. Der Regen war immer noch zu stark. Als sie unters Bett schaute, sah sie direkt in die Augen ihrer Lieblingskatze, die sie freudig begrüßte. Und was lag dort neben ihr im Staub? Sarah ertastete mit ihren Fingern ein Buch.

Ein kleines Buch, eine schwarze Kladde mit rotem Rand und roten Ecken. Das Notizbuch ihrer Großmutter. Wie kommt das denn dahin?

KAPITEL 2 – DIE ENTDECKUNG

Sarah schüttelte Körner und Dreck von dem Büchlein und pustete die letzte Staubdecke davon ab. Sie nieste den Staub aus ihrer Nase und wunderte sich über die wunderbare Einrichtung ihres Körpers, niesen zu können. Die Nase als Filter zum Innern. Dreck und Staub sollten nicht durchgelassen werden.

Sarah fühlte sich magisch zu diesem Buch hingezogen. Das Tagebuch ihrer Lieblingsoma. Sie hatte alle ihre persönlichen Erkenntnisse dort eingetragen. Alles, was sie in Workshops oder Seminaren kennengelernt hatte. Ihre Oma hatte es ihr persönlich zum 16. Geburtstag geschenkt. Damals konnte Sarah nichts damit anfangen. Heute dachte sie, war dies die Antwort auf all ihre Fragen? Ihre Freundin hatte ihr letzte Nacht noch versichert, dass das Universum schnell liefert. Woher wusste das Universum, dass die Antwort schon seit langem da unter ihrem Bett hauste?

Sarah machte es sich im Bett bequem und wartete auf ihre Katze, die sich zu ihr gesellte. Mit einem Taschentuch beseitigte sie die letzten Hinweise darauf, dass das alte Journal lange vernachlässigt worden war und im wahrsten Sinne des Wortes unter ihrem Bett verstaubte.

Ihre Großmutter hatte es ihr mit den Worten: „Mach damit, was du willst" überreicht. "Du kannst auch deine eigenen Notizen dazu schreiben."

Sie öffnete das Buch. Sie wusste instinktiv, dass dies der Regen war, den ihre Seele wie ein vertrockneter Wüstenboden aufsaugen würde. Aber sie wusste damals noch nicht, dass dieses alte Notizbuch das Potential in sich trug, ihr komplettes Leben zu verändern.

Innen links stand der Name ihrer Großmutter in Schreibschrift. Da musste sie noch unverheiratet gewesen sein. Sie musste dieses Buch lange aufbewahrt haben. Die Initialen ihres Mädchennamens hatte Sarah vor langer Zeit eingeritzt in der Baumrinde der großen Eiche in dem Garten ihrer Eltern gefunden.

Der erste Eintrag war ein Spruch von Martin Luther: „Selbst, wenn ich wüsste, dass morgen die Welt untergeht, würde ich heute noch einen Apfelbaum pflanzen."

Sarah wünschte, dass sie diese Kraft auch in sich finden würde. Denn auch ihre alte Welt ging gerade unter. Ja, genau das brauchte sie jetzt: einen gesunden Neuanfang. Neue Ideen einpflanzen.

„Du kannst die Welt trüb oder heiter machen. So wie du sie siehst, traurig sein oder lachen." Das hatte ihr Opa immer wieder gesagt. Erst jetzt versuchte Sarah, die Worte mit ihrem Herzen und nicht nur mit ihrem Verstand zu verstehen.

Tief versunken in ihrer Melancholie waren ihre Gedanken wirr und ungeordnet. Genauso fing sie an, das Buch ihrer Großmutter zu lesen. Sie öffnete eine Seite per Zufallsprinzip. Die Seite, die am meisten benutzt worden war, öffnete sich automatisch.

„Die Visualisierung von Metaphern kann alles heilen. - Dazu braucht es noch eine Prise BeGEISTerung" las sie.

„Die magische Welt im Innern ist Dein innerer Heiler."

Und daneben sah sie folgende Worte dazu gekritzelt: „Wenn du vorher deine Opferrolle ablegst. Achtung: alte Glaubenssätze und Konditionierungen! Finde erst den Fehler im System. Sonst kann man ein Gegenprogramm haben, welches stärker sein kann als jede Visualisierung."

Sarah atmete tief durch. „Also, wenn ich mir etwas visualisiere und bildlich vorstelle, so kann das sein volles Potential nur entfalten, wenn ich dazu kein Gegenprogramm laufen habe" dachte sie. Ein Gegenprogramm, welches zum Beispiel sagte, dass sie nichts wert ist. Ihre Oma hätte sie jetzt an die Kraft des Universums erinnert: „Wenn mal dein Kopf leer ist, mein Schatz, dann atme tief durch und vertrau dem Universum.

Oder bitte Gott um Hilfe. Der Gott, der in deinem Herzen sitzt...nicht unbedingt der aus der Kirche". Ihre Oma war der Meinung, dass die Begriffe Gott, Universum oder göttliche Energie austauschbar wären.

Der Begriff Gott wäre nur ein Hinweisschild. Wenn er dich irritiert, ersetze ihn mit einem Begriff, der dir guttut. Woraufhin Sarah den Begriff Göttin nutzte. Auch, um ein gesundes Gleichgewicht wieder herzustellen. Die Welt, in der sie momentan lebte, war eine Männerdomäne.

„Folge deiner Intuition. Was wäre das für eine Welt ohne die Nächstenliebe? Und darum geht es ja in der Bibel. Viele Gebete oder Gleichnisse in der Bibel sind hilfreich. Schau mal bei Markus 11,24: „Darum sage ich euch: Alles, was ihr bittet in eurem Gebet, glaubet nur, dass ihr es bereits empfangen habt, so wird es euch gegeben werden."" Da war viel Wahres dran. Heutzutage würde man wahrscheinlich sagen, finde die übereinstimmende Schwingung mit dem, was du manifestieren willst. Bedeutet das nicht genau das Gleiche? Als kleines Kind kam Sarah immer gut mit Maria klar. Und erst recht mit der bedingungslosen Liebe von Jesus. Und diese beiden blieben fester Bestandteil in ihren Gebeten. Eine Gänsehaut formte sich auf ihren Armen. Sie war auf dem richtigen Weg.

In dem Tagebuch ihrer Oma las Sarah: „Die Macht der Gedanken ist sehr groß. Stell dir vor, du beißt in eine Zitrone hinein. Stell dir das so lange und bildlich vor, bis du Speichelfluss hast. Du könntest die Augen schließen und dir vorstellen, dass du eine saftige Zitrone in Scheiben schneidest. Dann halbierst du eine Scheibe. Zitronenflüssigkeit tropft auf deine Finger und du leckst deine Finger ab. Oh, das schmeckt sauer. Hast du es? Ist dir das Wasser im Mund zusammengelaufen? Und wo ist die Zitrone? Die liegt nicht auf dem Küchentisch. Die war nur in deinem Kopf. Und trotzdem hast du es geschafft, allein durch deine Gedanken eine körperliche Reaktion zu erzeugen. Kannst du diese Möglichkeit auch auf andere Situationen übertragen?"

Sarah hatte sich entschlossen, in eine eigene Wohnung umzuziehen. Sie wollte nicht ewig bei ihrem Vater bleiben. Sie fühlte sich wie ein fünftes Rad am Wagen. Sie hatte noch nicht ihre Bestimmung im Leben gefunden und fühlte sich von anderen herumkommandiert. Ihr Vater hatte eine neue Partnerin und die war so gar nicht auf weitere Anhängsel eingestellt und Sarah fühlte sich mal wieder überflüssig und unerwünscht. Ein Gefühl, welches sie nur zu gut kannte. Ein paar Tage später wendete sich das Blatt. Sarah hatte Glück im Unglück. Eine Kollegin zog zu ihrem Freund und ihre alte Wohnung wurde dadurch frei. Eine kleine, gemütliche 2-Zimmer-Wohnung, ganz in der Nähe.

„Die Wohnung hat der Himmel geschickt", sagte ihre Freundin zu ihr. Sarah wollte ihrem Glück nicht glauben. Warum eigentlich nicht? Anderen Leuten fällt doch auch vieles einfach so in den Schoß. Sarah aber fühlte sich oft so, als ob sie es nicht verdient hätte glücklich zu sein. Aber warum fühlte sie sich manchmal so?

GEDANKEN FORMEN INNERE BILDER
INNERE BILDER DIENEN DER VORSTELLUNGSKRAFT
DIE VORSTELLUNGSKRAFT KANN BERGE VERSETZEN!

„Durch die Bewertung deiner Gedanken, gibst du etwas Energie: einer Sache oder einer Situation. Wenn du einen Zustand nicht wünschst, gib etwas anderem Energie. In unserer westlichen Welt glauben viele Menschen nur an die Dinge, die sie sehen können. Spirituelle Erlebnisse sind für viele nur Träumereien und Zeitverschwendung." Beim Lesen in dem Journal ihrer Oma hatte Sarah aber das Gefühl, dass es noch mehr gab, zwischen Himmel und Erde, als das bloße Auge sehen konnte.

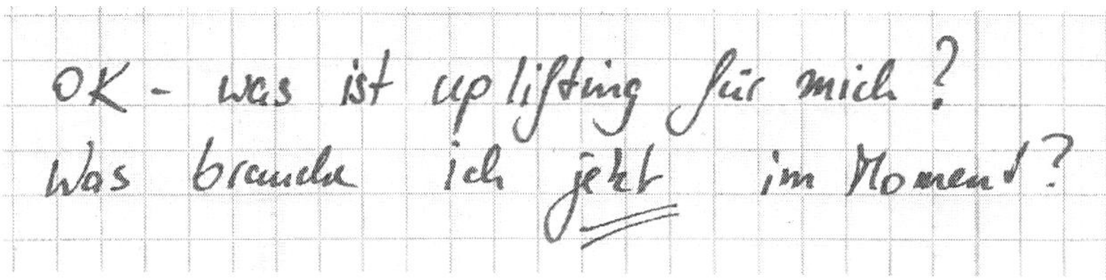

Konnte sie also ihre Mangelgefühle transformieren? Das Gefühl, dass sie es nicht wert war glücklich zu sein. Waren diese Mangelgefühle vielleicht alte Gefühle, die sie unbewusst übernommen hatte? Sie hatte oft von einer Tante gehört, die ein regelrechter Unglücksrabe gewesen sein sollte. Hatte sie vielleicht einige Verhaltensweisen von dieser geliebten Tante unbewusst übernommen? Hatte sie versteckte Schuldgefühle von der Familie übernommen? Oder hatte sie diesen Mangel selbst kreiert? Warum fühlte sie sich nicht liebenswert? Und hatte ihr Freund ihr nicht genau das gespiegelt, was sie tief im Innern fühlte? Nämlich, dass sie nicht liebenswert sei?

Diese Erkenntnis war nicht gerade prickelnd. Aber zugleich fühlte Sarah sich befreit. Denn dadurch könnte sie ja die alten

Glaubenssätze umschreiben und positiv neugestalten. Einen Versuch wäre es wert.

Während ihre alte Welt zusammenbrach, klammerte sich Sarah auf der Suche nach einem neuen Sinn in ihrem Leben an das Tagebuch.

Das Notizbuch ihrer Großmutter hatte weitere Ratschläge:

Beherrsche deinen Geist!

Das, was du im Innern von dir denkst, spiegelt dir deine Umwelt wider!

Sarahs Gedanken dazu stehen in diesem Kapitel in *Kursivschrift*. (Die Bilder stammen aus dem Notizbuch)

Durchhaltevermögen stärken:

Erinnere dich an eine Situation, in der es dir schlecht erging und später doch alles gut ausging. Und zwar mit Leichtigkeit! Ja, vielleicht stand dein Job auf der Kippe, oder es gab ein anderes Drama in deinem Leben. Trotzdem hat es sich irgendwie geklärt und vielleicht war es doch alles gar nicht so schlimm, wie wir es uns im ersten Augenblick vorgestellt hatten.

Das gibt dir Mut, auch jetzt durchzuhalten. So kräftigst du deine inneren Ressourcen und dein Durchhaltevermögen.

Wer weiß schon, was hinter der nächsten Ecke auf uns wartet.

Manchmal ist es nur das Gedankenkarussell, das dich von Pontius zu Pilatus schickt. Wenn wir den ständig umherwandernden Verstand zur Ruhe bringen können, könnte das Leben eine Wonne sein.

Sarah dachte: Oh, dazu gab es viele Beispiele. Und später ist es immer gut ausgegangen. Und auch ohne großes Drama.

Die Angst war nur im Kopf.

Was ist schlimmer? Das, was im Außen passiert, oder deine innere Bewertung dazu?

Und war diese innere Bewertung negativ?

(Klar, wenn man ausgeraubt wird, dann nimm deine Beine in die Hand und renne! Aber wir reden hier über die psychologische Angst im Kopf.)

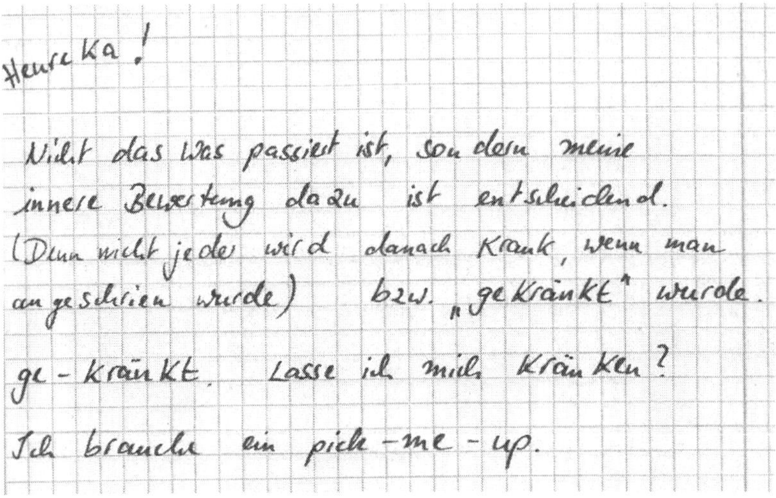

Heureka!

Nicht das was passiert ist, sondern meine innere Bewertung dazu ist entscheidend.
(Denn nicht jeder wird danach krank, wenn man angeschrien wurde) bzw. „gekränkt" wurde.

ge-kränkt. Lasse ich mich kränken?

Ich brauche ein pick-me-up.

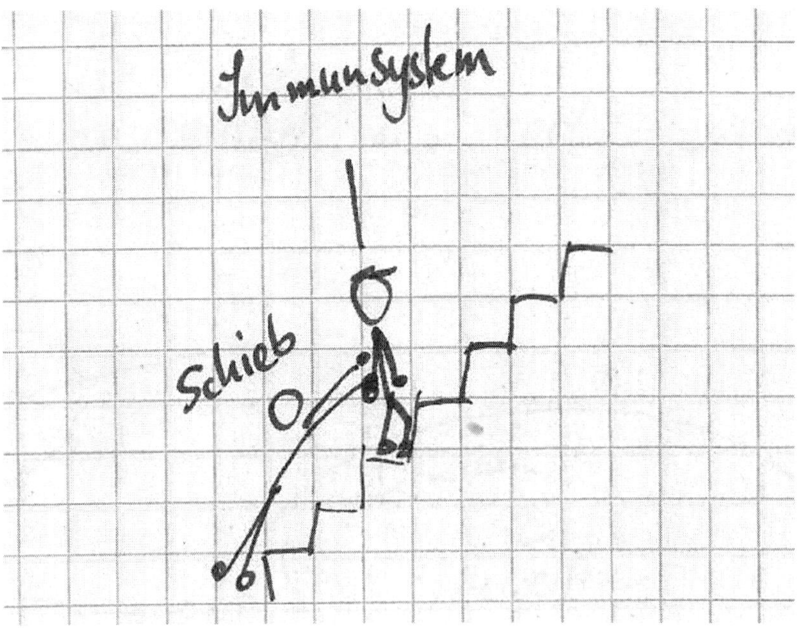

Ist das, wovor du Angst hast, schon passiert? *Ja, mein Freund hat mich verlassen.*

Vertraue deiner Intuition. *Welche Intuition?*

Energie folgt der Aufmerksamkeit.

Halte deine eigenen Gefühle aus.

Womit gehe ich in Resonanz?

Ach ja, das Gesetz der Resonanz. Wie war das noch mal mit der Resonanz?

Anstatt Angst zu haben, etwas falsch zu machen: die eigene Verantwortung in die Hände nehmen und eine Entscheidung treffen.

Anstatt Angst zu haben, die Miete alleine nicht zahlen zu können:

darauf vertrauen, dass es irgendwie immer weitergehen wird.

Anstatt Angst zu haben, ganz alleine zu sein, wenn man krank ist:

Vertrauen haben, dass sich irgendjemand schon kümmern wird.

Vielleicht drehe ich das alles um:

Ich bin dankbar!

Dankbar dafür, dass eine tolle Wohnung frei geworden ist.

Dankbar dafür, dass meine Kollegin mir als erstes Bescheid darüber gab.

Dankbar dafür, dass ich mir diese Wohnung leisten kann.

Feel the Love

Wenn sie es nicht schaffen würde, selbstständig zu leben, könnte sie immer noch zurück zu ihrem Vater ziehen, oder zu ihrer Tante. Aber dieses Gefühl der Dankbarkeit in ihrer Brust machte sie stark.

Einstein hatte angeblich folgendes gesagt: „Die wichtigste Frage, die man sich stellen kann, ist die: Ist das Universum ein freundlicher Ort?“

Sarah hielt inne. Wow, das waren viele Ratschläge auf einmal.

Mmmh, nein, das Universum ist kein freundlicher Ort.

Ihr Freund ist mit ihrer besten Freundin durchgebrannt und Sarah fühlte sich verraten und verkauft. Von beiden Seiten. Fuck Einstein, wovon hatte er schon eine Ahnung?

„Ok, erst einmal Atmen. Konzentriere dich auf deinen Atem“, sagte sie sich selbst.

Was hatte sie nochmal ihrer Kollegin geraten, als diese sich in einer ähnlichen Situation befand?

Durchatmen. Und dann frage dich:

bist du im Mangel oder in der Fülle? *Im Mangel.*

Mein Freund hat mich verlassen.

Trägst du nicht alles in dir, was du brauchst? - *Doch*

Was kannst du jetzt für dich tun, damit es dir wieder gut geht? *Ihn hassen.*

Sarah starrte nach draußen.

Ihre Brust fühlte sich schwer und blockiert an.

Das konnte es nicht sein.

Nochmal:

Was kannst du jetzt für dich tun, damit es dir wieder gut geht? Fernsehen gucken und mir einen Tee kochen. Und eine Wärmflasche machen.

Ein paar Minuten später lag Sarah im Bett und ließ die Wärme von ihren Füßen bis in ihr Herz hochsteigen. Ihre Augenlider wurden schwerer und schwerer, bis der Rhythmus der Regentropfen, die immer noch gegen ihr Fenster trommelten, sie langsam in den Schlaf wogen. Vorher hatte sie sich noch gelobt für all das, was sie in den letzten Tagen geschafft hatte. Das fühlte sich zumindest besser an, als sich als komplette Versagerin zu fühlen.

WELCHE Identität nehme ich an?

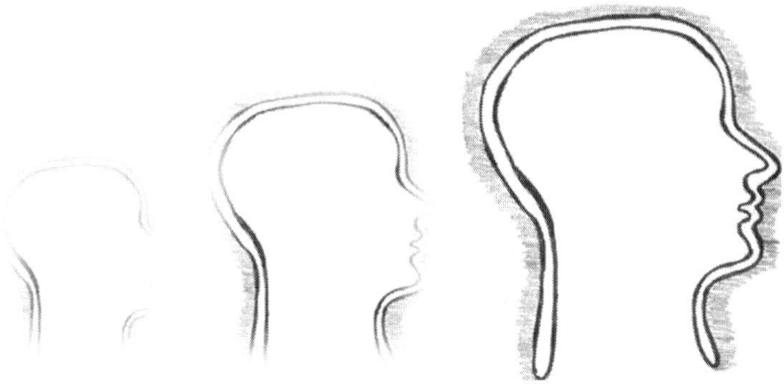

Eine Idee im Kopf zur Realität werden lassen

KAPITEL 4 – SARAH DREHT DIE SITUATION UM

Am nächsten Tag fühlte sie sich frischer und mutiger.

Sie war voller Tatendrang und dachte sich, „Ich mache einen Schritt nach dem anderen:

Einer Kollegin hatte ich geraten: Kümmere dich gut um dich selbst. Vertraue deiner Intuition.

Dann kann ich das auch. Ich bin genau so viel wert wie jeder andere Mensch auch.

Ich gehe die Liste meiner Oma durch und schaue mir alles Schritt für Schritt an."

Mit Feuer in ihrem Herzen startete sie ihre Liste:

Anstatt: Ich hasse ihn, er schuldet mir noch was.

- Neues Mantra: Ich bin auf dem Weg der Heilung.

Anstatt: Ich fühle mich meiner Mutter näher, wenn ich es genauso mache wie sie. Sie ist ja auch immer auf Typen „reingefallen".

Anstatt mir potenzielle Partner auszusuchen, die mir gar nicht guttun, lasse ich dieses alte Muster los. Ich brauche das Muster meiner Mutter nicht zu wiederholen. Mutter fiel immer wieder auf die gleichen Männer herein. Wenn ich dieses vererbte Muster mit einem positiven Charakterzug meiner Mutter ersetze, kann ich das alte negative Muster leichter loslassen. Mein Unterbewusstsein hat vielleicht nur daran festgehalten, damit es sich mehr mit meiner Mutter verbunden fühlt.

- Das Band der Liebe zur Mutter mit positiven Aspekten besetzen (wir müssen nicht alles so machen, wie unsere geliebten Eltern es taten).

Anstatt: Ich bin eine Versagerin, verraten und verkauft.

- Wo liegt mein Fokus? Auf das, was mir fehlt? Oder auf die Kraft, die in meinem Innern ist?

Alles, was ich mir wünsche, Liebe, Anerkennung, Zuneigung, schenke ich mir zunächst selbst. Damit dann im Außen mein Inneres wie ein Magnet das anzieht, was ich schon in mir trage: Liebe, Vertrauen und Fülle. Ich werde mit den guten Dingen des Lebens schwingungsmäßig übereinstimmen. Ich bin voller Liebe.

- Warum schaffe ich es, mich selbst zu beruhigen?

Weil ich es schon in der Vergangenheit geschafft habe.

Weil ich an mich glaube. Usw.

- Alles, was ich mir im Außen wünsche, schenke ich mir selbst:
- Liebe, Zuwendung, Anerkennung. *Ooooohhhhh super, das habe ich gerade schon selbst herausgefunden! Yeah!*
- Wie ist meine innere Bewertung zu simplen Dingen im Leben? Und wie kann ich das so ändern, dass ich wieder in meiner Mitte bin?

Ich mach jetzt eine Pause und genieße ganz bewusst meine Tasse Tee.

- Wie beruhige ich die Gedanken, die in meinem Kopf umherschwirren?

Indem ich mich auf das fokussiere, was ich mir wünsche. Jetzt im Moment: Boxen packen für den Umzug. Alles verschenken, was ich nicht mehr brauche.

Ballast loslassen.

- Wie schaffe ich es, den Fokus auf das zu lenken, was im Moment wichtig ist?

Atmen und einfach in kleinen Schritten anfangen.

- Eine Liste erstellen mit Dingen, die mich beschäftigen. Und wenn man etwas abhaken kann, dann ist es abgehakt und erledigt.

Genau.

- Ich bleibe in meiner Mitte (und lasse mich nicht ablenken). Damit dies eine bessere Wirkung hat, formuliere ich das positiv um: Ich lenke den Fokus auf das Gewünschte. Ruhe und Kraft.

Ja, Kraft. Ich stemme das. Ich kann das. Ich fülle die Umzugskartons und dann bitte ich andere um Hilfe, wenn die schweren Kartons ins Auto geladen werden müssen.

- Ich erlaube mir glücklich zu sein. *Mmmmh, meine Mutter sagte mal, sie hätte ein Gegenprogramm dazu. Habe ich das auch? Erlaube ich mir glücklich zu sein? Nein. Warum eigentlich nicht?*
- Nimm eine Identität an, die du sein möchtest: Ich bin_________

Ich bin glücklich in meiner neuen Wohnung.

- 4711 Atmung

Was ist das? Ich frag duckduckgo.

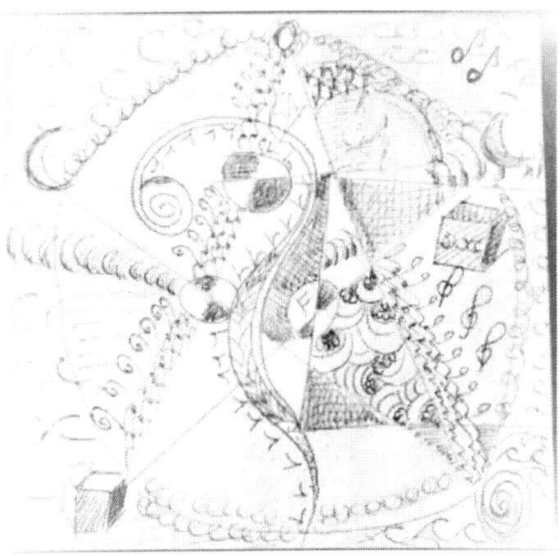

Dieser Tag lief richtig gut und Sarah packte viele Umzugskartons. Sie summte und fühlte sich federleicht.

Sie nahm sich vor, direkt nach dem Umzug ihre Freundin Jo anzurufen. Jo war die beste Masseurin, die sie kannte. Sie hatte von einer Bekannten das Füße-Massieren gelernt und hatte es Sarah gezeigt. Seitdem massierten sie sich regelmäßig abwechselnd die Füße. Das wäre nicht nur eine Wohltat für ihre Füße, die nach dem häufigen Treppensteigen in Mitleidenschaft gezogen worden sind.

Das wäre Tiefenentspannung pur, für Körper, Seele und Geist! Manchmal war es so einfach, etwas Gutes für sich und seine Freundin zu tun.

Sarah erinnerte sich gut an das letzte Mal, wo sie sich beide für eine ganzheitliche Massage Zeit genommen hatten. Es war eine magische Erfahrung. Es war mit Sicherheit mehr als die Endorphine, die durch ihren Körper strömten. Irgendwann während der Massage hörte sie auf zu denken.

Ihre Seele schwebte durch Zeit und Raum, als sie sich wieder ausbalancierte und auf natürliche Art und Weise zurück in ihre Mitte fand.

Alle guten Gründe für Deine Gefühle

Disbalance zeigt sich im Unwohlsein.

Durch die Aufarbeitung **alter negativer** Glaubenssätze kann innerer Frieden entstehen

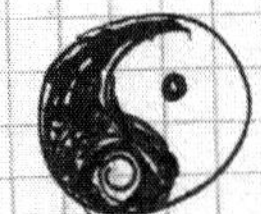

KAPITEL 5 - URVERTRAUEN WEG

In der Nacht wurde sie wach und ihre Gedanken kreisten wieder um ihre Mutter.

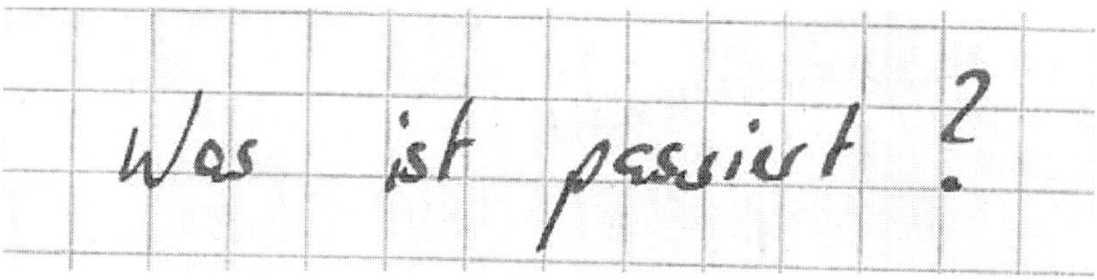

Da war dieses große Loch, und immer hieß es: „Deine Mutter hat dich im Stich gelassen!“ Sarah fand keinen Schlussstrich. Es war wie eine tiefe Wunde, die immer wieder neu aufgerissen wurde. Ihre Mutter lebte, es ging ihr gut und sie war in ihrem Element. Warum also hatte sie sich nicht um ihre Tochter gekümmert? Warum kam auch jetzt nichts von ihr? Kein Paket, keine Postkarten und sie rief nur alle paar Monate an. Dieser Verlust einer Mutter fühlte sich genauso an, als wäre ihre Mutter gestorben. Wäre ihre Mutter gestorben, dann hätte sie einen Abschluss gehabt, hätte trauern können. Richtig trauern. Aber so fühlte es sich so an, als ob alles in der Luft hängen würde. Alles ist nichts und nichts ist alles. Ihre Mutter war nicht tot. Sie war nicht bei einem Verkehrsunfall gestorben. Sie hatte noch nicht einmal einen Unfall gehabt. Wenn ihre Mutter gestorben wäre, hätte sie einen guten Grund gehabt, sich nicht um ihre Tochter zu kümmern. Aber Sarah trauerte. Sie trauerte ihrer verlorenen Kindheit hinterher. Sie fühlte sich verlassen. Ihre Mutter war freiwillig nach Thailand ausgewandert. Keiner hatte sie gezwungen. Sie hatte sich ganz bewusst gegen ein Leben mit ihrer Tochter Sarah entschieden. „Hättest du denn gewollt, dass sie dich mit nach Thailand genommen hätte? Gott,

Kind, das wäre auch nichts für dich gewesen," lamentierte ihre Tante. Selbst bei ihrer Tante konnte sie ihren eigenen Gedanken und Gefühlen nicht nachhängen. Jeder hatte direkt eine Antwort parat und wollte seine eigene Meinung kundtun, anstatt Sarah einfach nur mal zuzuhören. Sarah hatte nie die Zeit gehabt, ihre eigenen Gefühle dazu zu entdecken. Es wurde alles direkt immer zugeschüttet. Bloß nicht ins Fühlen kommen. Bloß nicht in dieses große Loch des Durcheinanders fallen. Wenn du da reingezogen wirst, verlierst du deinen Verstand! Gefühle können gefährlich sein!

Blitzartig wurde ihr klar, warum sie sich ihren damaligen Freund ausgesucht hatte. Warum er so eine starke Anziehungskraft auf sie hatte. Er sagte ihr, was sie tun und denken sollte. Er bestimmte, wie der Tag gestaltet werden sollte. Im Grunde ersetzte er ihr ein Elternteil. Denn in dieser Beziehung, da ging es nicht um eine gesunde Balance. Oder um Ausgeglichenheit. Nein, er war derjenige, der mehr Geld hatte, der die Hosen anhatte, der sagte, wo es langging. Im Grunde hatte sie sich nur einen Elternersatz gesucht und das in ihm gefunden.

Jetzt wusste sie auch, wozu sie diesen Umzug so dringend brauchte: um sich selbst zu finden. Um selbst zu spüren, wer sie war, was in ihrem Innern war, was sie fühlte. Und nicht andauernd jemanden neben sich zu haben, der der Übersetzer ihres Unterbewusstseins war. Der angeblich besser wusste, was angeblich gut für sie war. Nein, sie durfte sich jetzt selbst entdecken. Auf eigenen Füßen stehen. Kein Freund, kein Vater, keine Tante. Mutter sowieso nicht. Herausfinden, was ihre Vorlieben waren. Herausfinden, was ihre Stärken waren. Und auch herausfinden, was ihre eigenen Schwächen waren. Und das fühlte sich gut an! Erwachsen werden. Eigene Entscheidungen treffen.

Eigene Fehler machen. Ja, das hatte sie schon so oft gehört. Habe keine Angst vor Fehlentscheidungen! Keine Entscheidungen treffen ist schlimmer.

Stagnation ist wie ein kleiner Tod. Bleibe im Fluss. Verfolge deine Träume und nimm Fehler als Erfahrungen an.

Schließlich weißt du danach, was dein Weg ist und was nicht.

Sie setzte sich auf ihr Bett und ihr Blick fiel auf das Tagebuch. Darin las sie: „Stell dir vor Du gehst zu einer Party. Sobald du einen Raum betrittst, spürst du intuitiv, ob dort eine gute oder schlechte Atmosphäre herrscht. Du spürst die Energie in dem Raum. Jetzt drehen wir das Ganze mal um. Sind nicht alle Menschen Energiewesen? Können andere erspüren, was wir energetisch in uns tragen? Was, wenn wir alte Scham- oder Schuldgefühle in uns tragen? Was, wenn wir uns selbst klein halten, um uns zum Beispiel selbst zu bestrafen? Vielleicht läuft das auch unbewusst ab.

Vielleicht reagieren anderen Menschen darauf und behandeln uns schlechter, als sie es sonst tun würden. Oder wir werden von Anderen übergangen oder übersehen. Deswegen kann es wichtig sein, sich das anzusehen. Alle guten Gründe dafür würdigen. Auch hier kann man versuchen, mit inneren Bildern die Seele zu heilen."

Müde stand sie im Bad und betrachtete ihr Spiegelbild. Von der anderen Seite lächelte ein Zombie sie freundlich an. Es war höchste Zeit, zurück ins Bett zu gehen!

Es dauerte eine Weile, bis sie in den Schlaf fand. Der Schlaf war so ähnlich wie der kleine Tod des Egos. Man war vollkommen dem Unterbewusstsein ausgeliefert, welches durch Träume versuchte, mit einem zu kommunizieren. Ein spannendes Thema, fand Sarah. Was wollte ihr Unterbewusstsein ihr wohl mitteilen? Vielleicht sollte sie ihre Träume aufschreiben.

KAPITEL 6 – POLARITÄTEN – DA LIEGEN WELTEN ZWISCHEN SARAH UND IHREM EX

Am nächsten Morgen machte Sarah eine neue Liste:

Liebevolle Umarmung an mich selbst.

Ziel: Umzug

Datum für den Umzug organisieren. Hilfe organisieren.

Bis dahin ALLE Umzugskartons gepackt haben.

Jetzt aber:

-liebevolle Umarmung an mich selbst.

-Belohnung: lecker Essen oder Seelenmusik hören.

-Tee kochen.

-Lieblingsmusik hören.

-Katze streicheln.

-mich 15 Minuten in die Sonne setzen und die Sonnenstrahlen auf der Haut spüren.

Durch das Datum hatte Sarah einen äußeren Rahmen gesetzt. Im Nachhinein zeigte sich, dass das eine gute Idee war. Ihr Unterbewusstsein schien sich an diese Deadline zu halten. Vielleicht hatte sie so ihr Unterbewusstsein auf dieses Datum programmiert. Sie schien so den nötigen Elan zu haben, es auch wirklich bis dahin zu schaffen! Keine Ausreden mehr!

Sie hatte noch 14 Tage!

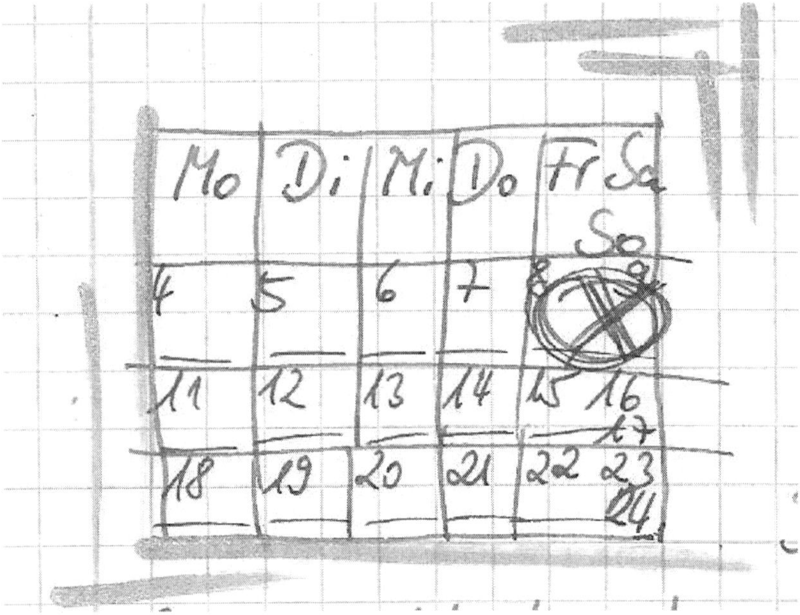

Durch das Tagebuch fühlte sie sich ihrer geliebten Oma richtig nahe. Das tat richtig gut. Sie erinnerte sich an gemeinsame Nachmittage bei ihrer Oma und wusste, dass sie immer einen Platz in ihrem Herzen hatte. Und genau so war es andersherum. Ihr Herz schlug für ihre geliebte Oma! Es wurde Zeit, dass sie sich dessen öfter bewusst wurde. Und dass sie sich öfter an die Sachen erinnerte, die ihr guttaten. Anstatt sich nur über das aufzuregen, was ihr Energie entzog.

Also wie war das jetzt mit ihrem Freund? Beziehungsweise mit ihrem Exfreund? Wie konnte sie gesunde Grenzen setzen und sich trotzdem nicht von Hass auffressen lassen? Sie rief ihre

Oma an und war dankbar für ein paar einfache Ratschläge. „Sarah, du hast bestimmt davon gehört, dass die Welt, in der wir leben, auch Dualität genannt wird. Es gibt Tag und Nacht. Hell und dunkel. Warm und kalt. Also vermeintliche Gegensätze. Daher der Begriff Dualität (Latein: dualitas= Zweiheit). Woher aber kommt unsere Seele? Aus diesem Raum der Dualität? Das darf sich jeder selbst beantworten. Einige sagen, dass die Seele nicht Teil dieser materiellen Welt ist. Wenn die Seele frei ist von dieser Dualität, dann kann die Liebe auf dieser Ebene frei walten. Auf Seelenebene. Du kannst jeden Menschen lieben auf dieser Ebene. In der Welt der Dualität kann es sein, dass du gesunde Grenzen setzen kannst. Damit auch deine eigenen Bedürfnisse beachtet werden. Vielleicht hat der andere Mensch momentan nicht die Möglichkeit für einen normalen Austausch. Wo ein ausgewogener Austausch von Geben und Nehmen stattfinden kann. Wo man sich gegenseitig respektiert. Dann bleibt dir momentan nur, gesunde Grenzen zu setzen. In welcher Form auch immer. Das kann dir dein Unterbewusstsein zeigen. Jede Situation ist anders und jede Situation erfordert andere Lösungen. Hass ist nicht das Gegenteil von Liebe. Hass ist der Mangel von Liebe. Es ist die Trennung von der Liebe. Es ist die Trennung von unserer Quelle. Vielleicht ist es auch ein Schrei nach Hilfe. Du kannst dem Menschen verzeihen und bedingungslos lieben. Aber in der Dualität darfst du gesunde Grenzen setzten. Spüre da mal hinein, ob das auch deine Wahrheit ist. Finde deine eigene Wahrheit. Habe Vertrauen. Vertraue deinem Gefühl. Ich bin mir sicher, du wirst eine Lösung finden."

Was ist schlimmer?
Das was passiert ist, oder Deine innere Einstellung dazu?

Der letzte Satz war wie eine warme Umarmung. Ihre Oma hatte Vertrauen in sie. Sie streichelte ihre Lieblingskatze und ein Freudenschauer lief ihr über den Rücken. „Ach, du", lachte ihre Oma „gestern habe ich im Bett geduscht! Stell Dir vor, ich habe mich gestreckt und habe aus Versehen mit meinem Arm den alten Wasserhahn aufgedreht. Mein Bett steht ja jetzt da, wo vorher die alte Spüle war. Wir haben das Spülbecken entfernt aber den alten Wasserhahn noch nicht weg gemacht. Deswegen ist mir dieses Malheur passiert. Opa und ich haben vielleicht gelacht. Wir haben dann im Gästezimmer übernachtet. Die ganze Matratze war klatschnass! Sarah lachte mit und freute sich, dass ihre Oma über sich selbst schmunzeln konnte. Ihre Oma war so natürlich und menschlich, man musste sie einfach liebhaben.

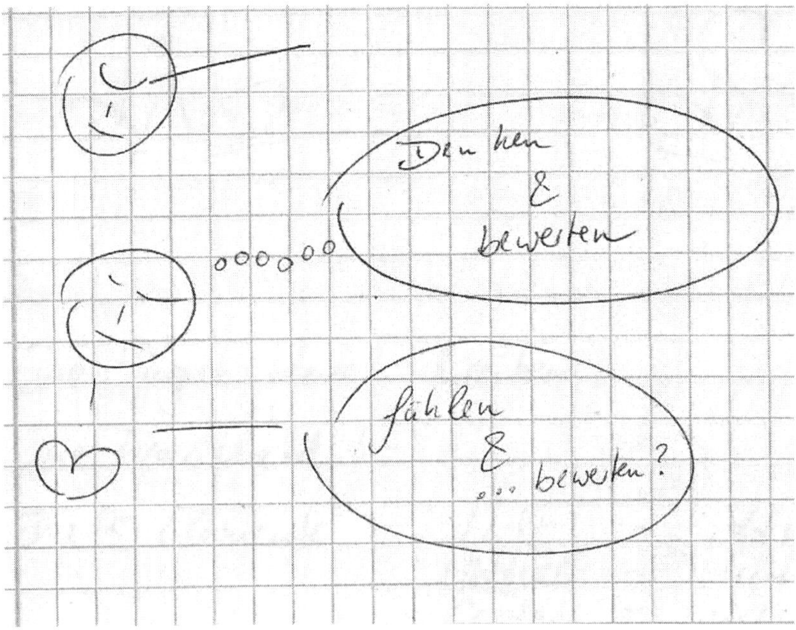

Ausmisten!

Es fühlte sich so gut an, auszumisten. Von alten Erinnerungsstücken machte sie ein Foto und dann kamen sie weg. So viele Tassen oder Handtaschen brauchte kein Mensch.

Sie fühlte sich so gut und voller Elan, dass sie beschloss, auch einen <u>inneren Aufräumtag</u> zu machen.

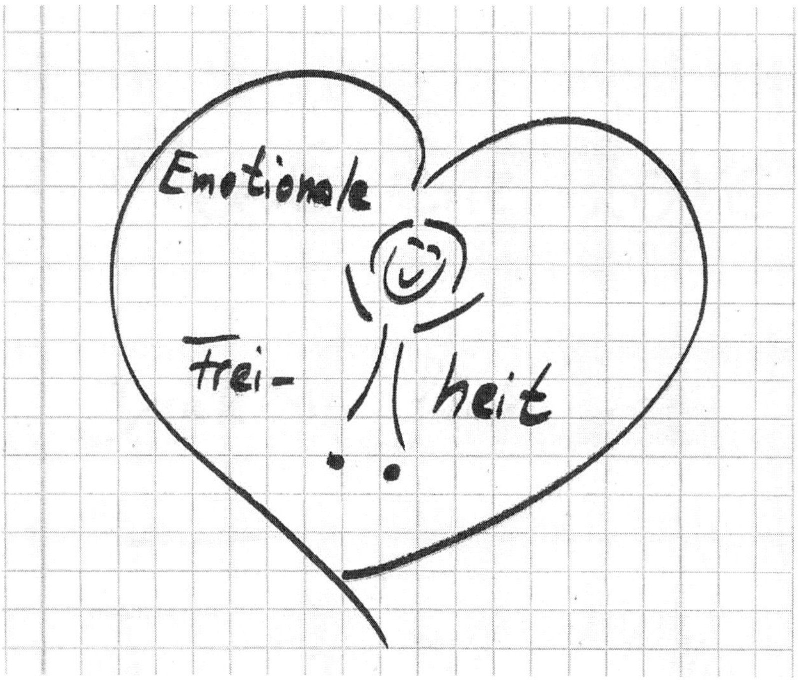

Und weiter ging es in dem Journal:

Welche Glaubenssätze bediene ich? Beziehungsweise welche Glaubenssätze bedient mein Unterbewusstsein? Was genau ist mein Unterbewusstsein? *Es übernimmt all die Abläufe, die ich bewusst nicht beeinflusse. Sicher beeinflusst es auch den regelmäßigen Rhythmus meiner Atmung und auch die Verdauung.*

Das Unterbewusstsein kann automatische Muster entwickeln, die uns nicht immer bewusst sind. Unser Fühlen, Denken und Handeln werden auch vom Unterbewusstsein mitbestimmt.

Das Unterbewusstsein kontrolliert die Verhaltensweisen, die vom Bewusstsein vernachlässigt werden können.

Es gibt Fachbereiche, wie z. B. die Psychoneuroimmunologie, die sich mit den Verknüpfungen von Gefühl und Organismus auseinandersetzen. Jeder Reiz erreicht uns zunächst auf der unbewussten Ebene und dringt dann zur bewussten Ebene hoch.

Glaubenssätze können sich im **Unterbewusstsein** automatisieren, manchmal nicht zu unserem Vorteil.

Da das **Unterbewusstsein** in Bildern spricht, sind Bilder und Symbole eine gute Möglichkeit, mit deinem innersten Geist in Kontakt zu treten.

So kommt man am kritischen Verstand vorbei zum Unterbewusstsein.

Wenn ich alte Muster habe, dann können die sich im Unterbewusstsein festsetzen.

Bin ich selbstbestimmt oder fremdbestimmt?

Habe ich in der Vergangenheit gewissen Sachen zugestimmt, um keinen Streit mit meinem Freund zu haben?

Gibt es auch eine Möglichkeit, eine Lösung für beide Parteien zu finden?

Wie machen Familien das, die mehrere Kinder haben? Wo jedes Kind mal etwas anderes machen möchte?

Oder gibt es Möglichkeiten, bei denen das Beste für alle Beteiligten erreicht werden kann? Was wollen denn die einzelnen Parteien? Vielleicht kann man einen gemeinsamen Raum gestalten, wo all diese Bedürfnisse gestillt werden können.

Wow, das ist Gehirn Kung Fu! Es bilden sich neue Synapsen! Es entwickeln sich neue Ideen!

Sarahs Gedanken kreisten um alte Geschichten herum. Eigentlich könnte doch alles so einfach sein.

Die Hoffnung stirbt zuletzt. Wer nicht wagt, der nicht gewinnt.

Es ist ein Wechsel der Wahrnehmung. Dadurch, dass ich meine Glaubenssätze verändere, kann ich die Welt um mich herum mitkreieren. Ist das wahr? Das kann jeder nur für sich selbst beantworten. Auch wenn ich nicht alle meine Wünsche manifestieren kann, bin ich mehr im Fluss als früher. Bin ich getrennt von meinem göttlichen Ur-Kern? Bin ich ein Teil davon? Trage ich diese Kraft mit in diese Welt der Dualität? Sind andere es schuld, dass es mir schlecht geht? Oder trage ich eine Mitverantwortung? Projiziere ich die Schuld auf andere? Was gibt mir mehr Möglichkeiten? Wenn ich Verantwortung übernehme oder wenn ich abhängig bin von der Willkür anderer? Womit gehe ich in Resonanz? Akzeptiere ich das, was im Außen passiert? Oder bin ich im inneren Widerstand? In einer Welt der Trennung gibt es verschiedene Egos. Egos können sich gegenseitig angreifen. Ein Streit oder ein Kampf kann ein Schrei nach Liebe sein. Finde ich das nicht auch in mir, wenn die Angst hochkommt und ich mich alleine fühle, dass ich dann kämpfe, um meine Bedürfnisse zu befriedigen?

Ich entscheide mich heute neu. Ich nehme das Hier und Jetzt an. Ich entscheide mich zu verzeihen. Dir und auch mir. Ich entscheide mich für die Liebe. Ich entscheide mich für das Vertrauen. Ich bitte diese Urquelle, die meiner Seele einen Körper gegeben hat, mich von Schuld, die ich anderen gegenüber begangen habe, zu befreien. Ich bitte das Universum, oder diese gute Kraft, mich immer daran zu erinnern, dass die Liebe das Stärkste ist auf der Welt. Hilf mir, einen Raum zu gestalten, wo wir gemeinsam leben und lieben können. In diesem Geist sind wir miteinander verbunden und können einen neuen Raum gestalten, wo man im Einklang leben kann.

Was passiert, wenn ich im Widerstand bin? Sarah las diese Worte in dem Journal und erinnerte sich an eine alte Situation. Vor ihrem inneren Auge ließ sie die Situation noch einmal Revue passieren: „Ich wollte nicht zu dieser Geburtstagsfeier gehen.“

Der Geburtstag seiner Mutter. Die eigentlich im Winter Geburtstag hatte, aber im Sommer draußen feiert, weil sie im großen Stil feiern wollte und nicht wollte, dass hundert Leute ihr Wohnzimmer mit dreckigen Winterschuhen verschandeln. Sarah hatte ein Problem mit dem ganzen Gehabe und verspürte keine Lust, zu diesem Geburtstag zu gehen. Letztendlich ist sie doch gegangen, um es ihrem Freund recht zu machen. Letztendlich verbreitete sie so schlechte Energien, dass sie besser zuhause geblieben wäre. Was wäre passiert, wenn sie ihre innere Einstellung zunächst näher angesehen hätte und dann erst zu der Party gegangen wäre? Hätte sie einen Kompromiss gefunden zwischen ihren Wünschen und denen der Schwiegermutter? Oder was wäre passiert, wenn sie nicht gegangen wäre?

Wie hätte sie sich selbst treu bleiben können und den Wünschen ihres Freundes und ihrer Schwiegermutter entsprechen können? War es wichtig, sich selbst treu zu bleiben in der Situation? Welche Werte wollte sie da verteidigen? Es war nicht ihr Geburtstag. Im Nachhinein betrachtet, sah alles wieder ganz anders aus. Und eigentlich auch gar nicht mehr so wichtig. Es war nur ein Tag im Jahr.

FEELOVE

Feel Love

Sarah las weiter in dem Journal.

Wenn ich im Widerstand bin, bin ich nicht im Fluss. Dann bin ich abgetrennt von meiner Intuition. Und meine Intuition ist die Brücke zu meiner Urquelle. Die Schaltstelle, die Kommunikationsstelle. Meine eigene Wahrheit finde ich tief in mir. Dazu gehört auch, durch die eigenen Ängste hindurchzugehen.

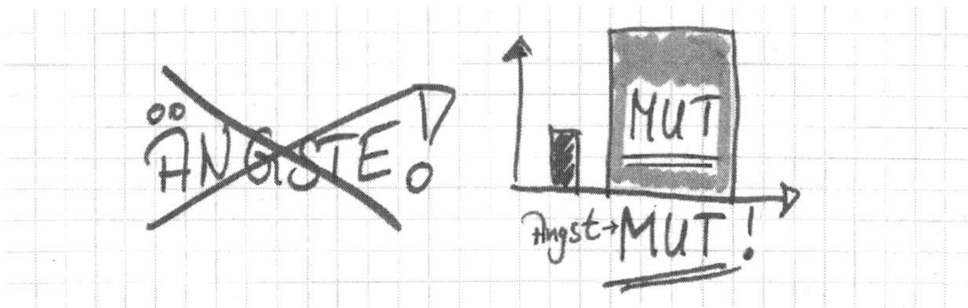

Energie folgt der Aufmerksamkeit. Wenn also meine Aufmerksamkeit auf Widerstand gerichtet ist, kann das nicht gut gehen. Dann kann man den unerwünschten Zustand verstärken.

„Das, wogegen du dich sträubst, bleibt bestehen" ein Zitat von Carl Gustav Jung oder war es doch eine alte indische Weisheit? Egal wo es her kam, es machte Sinn. „Das, wogegen du dich sträubst, bleibt bestehen". Also wäre es da nicht besser, den Fokus zu ändern? Auf das, was ich mir wünsche?

Trotzdem ist es auch wichtig, sich die Sachen anzusehen, die unser Verstand vermeiden möchte. Carl Gustav Jung hatte die sogenannte Schattenarbeit ins Leben gerufen. Unter Schatten verstand C.G. Jung verdrängte Persönlichkeitsanteile. Sie können mit Bedrückung und Angst verknüpft sein. Das, was tief im Unterbewusstsein versteckt ist, darf wieder ins Bewusstsein kommen. Es gibt viele gute Gründe, dass diese Anteile zunächst im Unterbewusstsein versteckt sind. Wenn sie da allerdings bleiben, können sie uns Energie entziehen. Durch die Integration (bzw. Bewusstwerdung) des Schattens kann eine Transformation zum Besseren stattfinden.

Was also sitzt bei mir tief im Unterbewusstsein? Was möchte ich verdrängen?

Sarah erinnerte sich an den Alptraum, den sie vor ein paar Nächten hatte. Der Traum spiegelte ihre Angst und sie hatte das Gefühl, sie durfte sich ihre Ängste ansehen, anstatt vor ihrem eigenen Schatten wegzurennen.

„Durchgehen, anstatt zu unterdrücken", stand in dem Journal ihrer Oma.

Wow, das waren viele Ratschläge auf einmal.

Also nahm sie sich einen Stift und fing an.

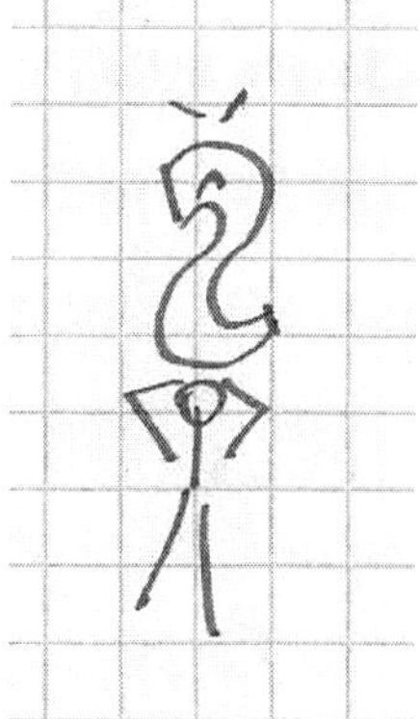

Angst vor:

- Ablehnung
- nicht geliebt zu werden.

Früher wäre man daran gestorben, wenn wir als Baby oder als Kleinkind verlassen worden wären. Wir waren alle voneinander abhängig. Als Baby waren wir abhängig von den Eltern (von den Älteren). Oder wir waren abhängig von der Gemeinschaft.

Kein Wunder, dass mein Verstand so ein dickes Ding darum macht, wenn er denkt: „Ich werde nicht geliebt." Es hätte früher den sicheren Tod bedeutet.

Angst vor...

...vor was habe ich noch alles Angst?

Sie blätterte weiter in dem Notizbuch ihrer Oma. Da stand in großen Worten: Glaubst du, dass du (oder alle Menschen) eine Seele haben?

„Ja!", dachte Sarah „Ich habe eine Seele."

Was war zuerst da? Die Seele oder der Körper? Sarah beantwortete die Frage im Stillen.

Wenn die Seele zuerst da war, dann gibt es ein universelles Gesetz, eine Kraft, die der Seele einen Körper geschenkt hat. Dann steht der Geist über der Materie. Dann gibt es eine Urquelle, die stärker ist als die Dualität. Wow. Das durfte sie erst einmal verdauen.

Das heißt, die Antwort auf ihre Ängste war auch tief in ihr zu finden. Und sie war so individuell wie die verschiedenen Ängste selbst.

Wie viele Situationen gab es in ihrem Leben, in denen sie sich negativ von anderen bewertet gefühlt hatte? Da gab es genug Beispiele. Konnte sie das Ganze umdrehen? Wie bewertete sie sich selbst? Vielleicht war es das, was das Universum ihr zeigen wollte. Das, womit man im Außen in Resonanz geht, ist ein Spiegel zu deinem Innern. Vielleicht war es an der Zeit, ihren Selbst-Wert zu erhöhen. Vielleicht war es an der Zeit, um selbstbewusster zu werden.

Wenn sie sich entwurzelt fühlte, war das auch, weil ihre Eltern ihr nicht das Gefühl gegeben hatten, immer aufgefangen zu werden, egal was komme. Lange Zeit lief sie ihren Eltern oder Stellvertretern für ihre Eltern (z.B. ihr späterer Partner) immer hinterher. Sie erwartete unbewusst, dass sie irgendwie, irgendwann ihr Wurzeln geben könnten und sollten. Das war schließlich ihre Aufgabe.

Aber irgendwann wurde sie erwachsen. Sie hatte die Dramen und das Tal der Tränen überlebt. Sie war erwachsen.

Wie lange wollte sie noch von anderen erwarten, dass sie ihr Wurzeln gaben?

Konnte Sarah dieses Gefühl der Wurzeln und Stabilität in sich selbst finden? Was musste sie dafür tun? Ihr Unterbewusstsein umprogrammieren? Einfach eine Situation aushalten?

Sarah nahm sich einen kurzen Augenblick Zeit. Dann hatte sie ein inneres Bild vor Augen. Sie dachte an einen großen, alten Baum. Tief verwurzelt in der Erde. So wie ein starker Baum einem Sturm standhielt, so könnte auch sie herausfordernde Situationen meistern. Sie würde sich selbst Wurzeln geben. Sie würde sich gut um sich kümmern, um sich mehr verwurzelt zu fühlen.

Verfolge Deine Träume

Das Wort ERFOLG steckt schon Drin: vERFOLGe Deine Träume...

Liste machen: Alte Glaubenssätze

Wenn man sich etwas lange genug einredet oder man etwas lang genug eingeredet bekommt, so kann sich ein negativer Glaubenssatz entwickeln. Man beginnt, etwas (manchmal auch unbewusst) zu glauben.

Gemäß dem Gesetz der Resonanz ziehst du das an, was du aussendest. Also wenn du meinst, dass du ohne Abi in der Gosse landest, dann kann dein Unterbewusstsein das als Befehl annehmen und sich danach orientieren. So wie ein Kapitän einem Schiff die Richtung angibt, so folgt das Unterbewusstsein deinen Glaubenssätzen. Ist das wahr? Finde es für dich heraus.

Sarah machte sich eine Tasse Tee und setzte sich hin. Stift und Papier waren schnell zur Hand und sie fing an zu schreiben.

Sarahs alte negative Glaubenssätze:

1. Nur mit einem Partner bin ich komplett.
2. Ohne Abi lande ich in der Gosse.
3. Nur altmodische Frauen kochen. Wir sind etwas Besseres. Wir gehören nicht in die Küche.
4. Wenn ich dick bin, bin ich unattraktiv und automatisch hässlich.
5. Wenn ich nicht genug Geld verdiene, bin ich ein Loser (Verlierer).
6. …

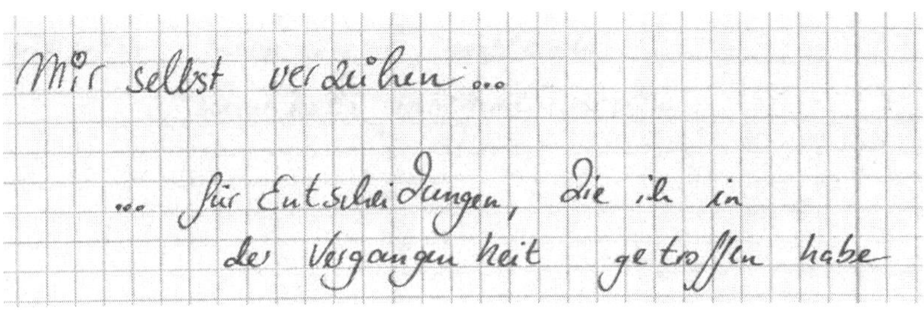

Diese alten Glaubenssätze konnten einen wirklich runterziehen. Sarah gewöhnte sich schnell an, eine positive neue Ausrichtung direkt dahinter zu schreiben. Diese formulierte sie dann so, dass sie ein **Mantra** wurden. Mit kleinen Ritualen erinnerte sie sich immer wieder an ihre neue Ausrichtung. Eigentlich war dies nicht aufwendiger als jeden Tag regelmäßig ihre Katzen zu füttern. Sie fütterte ihren hungrigen Geist! Diese neue Erkenntnis war wie ein inneres Feuer!

Neue Erkenntnisse!

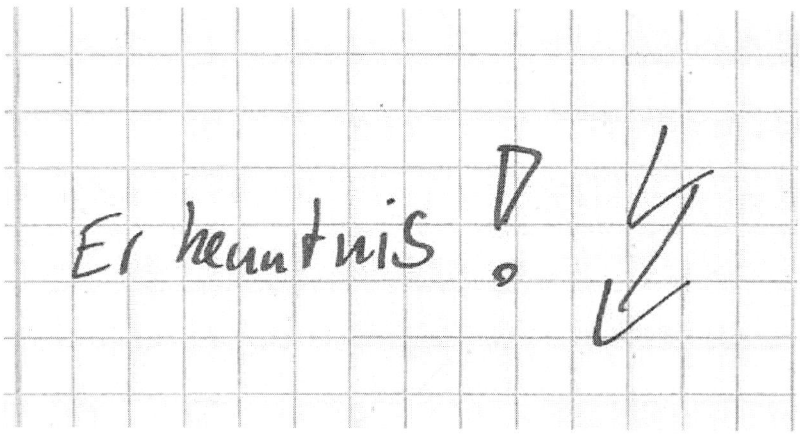

1. Ich bin komplett – ich bin Liebe.
2. Ich bin kreativ und erfolgreich.
3. Ich kreiere liebevolle, genussvolle und gesunde Mahlzeiten.
4. Ich habe einen wunderbaren Körper, einen tollen Rhythmus und eine tolle Ausstrahlung.

5. Ich bin im Fluss und in der Fülle.

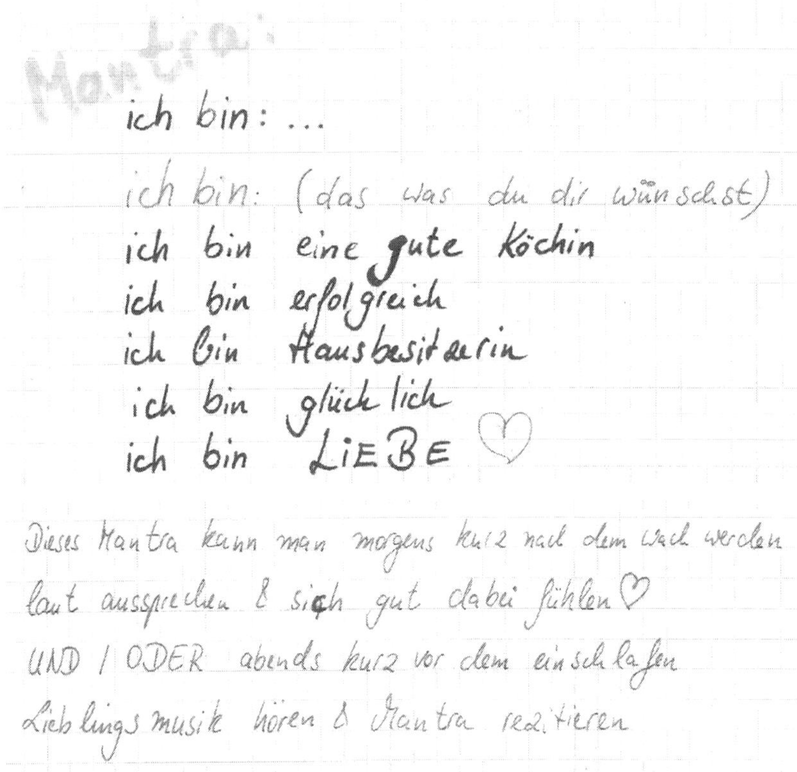

Mantra:

ich bin: ...

ich bin: (das was du dir wünschst)

ich bin eine gute Köchin

ich bin erfolgreich

ich bin Hausbesitzerin

ich bin glücklich

ich bin LIEBE ♡

Dieses Mantra kann man morgens kurz nach dem wach werden laut aussprechen & sich gut dabei fühlen ♡

UND / ODER abends kurz vor dem einschlafen Lieblingsmusik hören & Mantra rezitieren

Sarah fühlte sich so voller Elan, dass sie am nächsten Tag viel mehr schaffte als die Tage vorher. Wunderbar! Es hatte sich also gelohnt, eine innere Bestandsaufnahme zu machen und alles neu zu sortieren. Anstatt das Opfer äußerer Umstände wurde sie stärker durch ihre Erfahrungen. Sie (er)kannte jetzt ihren inneren Wert.

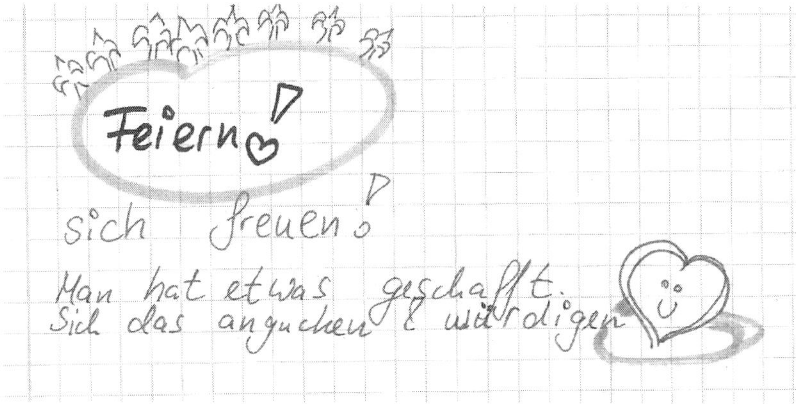

Sie war nicht mehr die Betrogene oder die Verliererin. Sie hatte sich aus den Tiefen ihrer Melancholie selbst gerettet. Sie war jetzt wie „die“ Phoenix, die aus der Asche neu geboren wurde.

Sie war jetzt die, die ihr göttliches Erbe antrat. Sie erweckte jetzt all die göttlichen Eigenschaften, die sie schon immer in sich trug.

Sarah erkannte, dass das ihr Wesen und ihre Seelenessenz war.

Oder besser gesagt: sie erinnerte sich daran.

Und das konnte durch nichts und niemanden im Außen mehr erschüttert werden!

„Vergiss das nie!“, sagte sie sich.

Ein paar Tage später hatte sie wieder einen Rückschlag. Nichts wollte funktionieren. Ihr Vater wollte eigentlich dabei sein, wenn sie den Wohnungsschlüssel annahm. Aber sein Auto hatte eine Panne. Was nun? Sollte sie den Vermieter anrufen und den Termin schon wieder verschieben? Oder war sie dann wieder abhängig von der Willkür des Vermieters, der sie schon einmal im Stich gelassen hatte? Eine Achterbahnfahrt der Gefühle warf sie völlig aus dem Gleichgewicht.

Je mehr Stress sie hatte, desto weniger fühlte sie sich mit ihrer Intuition verbunden. Jetzt brauchte sie etwas Ruhe, um herauszufinden, welcher Weg der richtige war. Ein lustiges Wort: heraus-finden... also von innen nach außen eine Lösung finden. Sie überlegte kurz, was zu tun war. Ihr Fokus war so dickköpfig wie ein sturer Esel, der in die falsche Richtung strebte. Sie wollte für einen Augenblick vom Verstand wegkommen, um eine **ganzheitliche** Lösung zu erhalten. Der Verstand fokussierte sich zu sehr auf das Problem. Das wiederum erzeugte mehr Stress: Auto kaputt, Termin geplatzt, keinen Schlüssel erhalten. Umzugstermin geplatzt, Freunde sauer, weil die sich wiederum schon einen ganzen Tag Urlaub genommen hatten, um ihr an diesem Tag zu helfen. Das Gedankenkarussell war kaum zu stoppen. Sie suchte ihre Katzen und machte sich eine Tasse Tee, um sich zu beruhigen.

Kopf-Lastig
Zugang gesperrt!

Wenn wir zu Kopflastig sind, kann der Zugang zu unserem Bauchgefühl / zu unserer Intuition blockiert sein

Sarah spielte eine Runde Online-Schach, um sich abzulenken.

Mitten im Spiel kam ihr spontan eine Idee.

Sie entschloss sich, eine Freundin anzurufen. Und wenn die keine Zeit hätte, würde sie allein fahren. Sie wollte nicht einen Tag länger auf den heiß ersehnten eigenen Schlüssel warten.

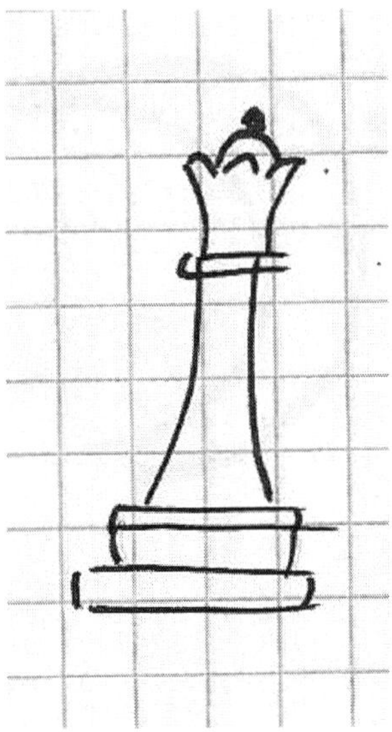

Es tat gut, einen Plan B zu haben. Wenn ihre Freundin keine Zeit hätte, würde sie all ihren Mut zusammennehmen und es allein meistern.

So fühlte sie sich gestärkt und fühlte sich nicht abhängig von einer Zu- oder Absage der Freundin oder gar von anderen Umständen. Was sollte schon passieren?

Aber.

Die Schlüsselübergabe verlief nicht so reibungslos, wie Sarah sich das gewünscht hatte. Der neue Vermieter war unfreundlich und behandelte sie von oben herab. Er ließ keine Gelegenheit aus, um Sarah zu zeigen, dass er eigentlich lieber jemand anderen seine Wohnung vermietet hätte. Sarahs Kopfkino startete und sie malte sich die schlimmsten Geschichten aus. Was wenn sie jahrelang mit ihrem Vermieter so gar nicht klarkommen würde? Hölle!

Ihre alten Gefühle von Chaos im Kopf und generelles Unwohlsein ergriffen wieder die Oberhand. Ihr wurde zwar kurz bewusst, dass sie sich die Zukunft schwarzmalte, aber es war schon zu spät.

Nach all den Anstrengungen, die sie unternommen hatte, um allein hierher zu kommen! Das Leben war nicht fair!

Einen Tag später war sie krank.

Eine Person, die mir sehr nahe steht hat mich angeschrien.
Ich habe nur freundlich geantwortet.
Einen Tag später bin ich krank geworden.
Es hatte sich so angefühlt, als ob mein Immunsystem in den Keller geplumst ist.

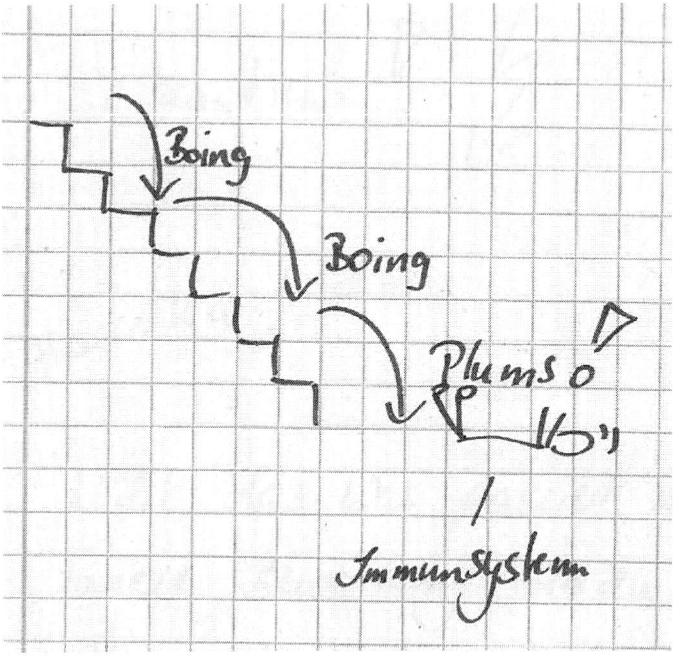

Jetzt muss ich gucken wie ich das wieder hoch kriege!

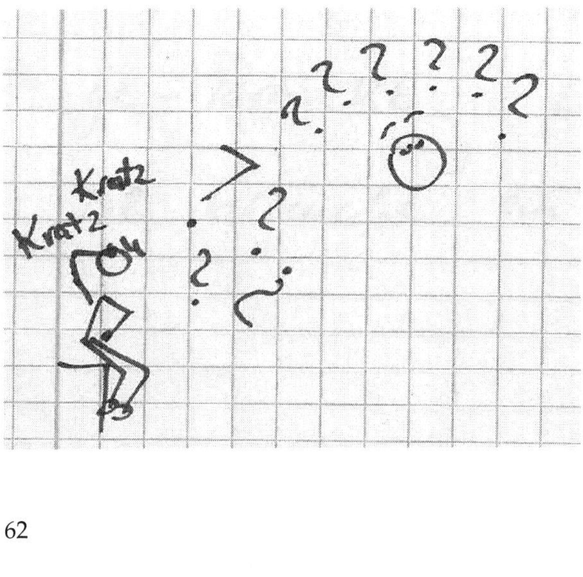

KAPITEL 10 – DIE LIEBEN ALTEN GLAUBENSSÄTZE

Ihr Kopf war schwer und an Kistenpacken oder an klare Strukturen war gar nicht zu denken. Frustriert legte sie sich zurück ins Bett und versuchte einzuschlafen. Sie machte sich Vorwürfe und das war nicht gerade hilfreich, um eine innere Ruhe zu finden. Wo ist meine Katze, wenn ich sie brauche?

Das gewohnte Schnurren und die Berührung mit ihrer Katze hätte sie jetzt wie eine wärmende Decke umhüllt. Sarah wurde bewusst, dass sie im Hier und Jetzt bleiben sollte. Sie tat sich keinen Gefallen damit, sich eine dunkle Zukunft mit dem Vermieter auszumalen. Vielleicht hatte er gestern nur einen schlechten Tag gehabt. Letztendlich sind wir alle nur Menschen. Plötzlich klingelte das Handy. Ihre Oma war am Apparat und wollte nachfragen, wie es mit den Umzugsvorbereitungen lief. „Ach Oma", klagte Sarah, „ich bin schon wieder krank." Die beruhigenden Worte ihrer Oma sanken auf fruchtbaren Boden. Endlich mal keiner, der sie bewertete. Bei ihrer Oma konnte sie nie etwas falsch machen. Sie fühlte sich geliebt, so wie sie war, egal was war. „Ich bin endlich so weit, dass ich mit den Methoden in deinem Journal arbeiten kann. Aber ich komme nicht weiter. Ich hänge fest." Oma erzählte ihr von einer Methode, die ganzheitlich war und Körper, Seele und Geist gleichzeitig miteinbezog. Und das hatte bei ihr zum Durchbruch geführt. Der ganzheitliche Ansatz. Es war eigentlich egal, welche ganzheitliche Methode man nahm, aber ihre Oma erzählte ihr von der Klopfakupressur, die Akupressurpunkte am Körper nutzte und durch leichtes Klopfen an diesen Stellen wieder eine Balance im ganzheitlichen Sinne anstrebte. Es wurde nur geklopft und keine Nadel gesetzt wie bei der Akupunktur. Sarah ließ sich die Methode kurz erklären und erinnerte sich an eine Anwendung, die ihre Oma mit ihr vor einiger Zeit durchgeführt hatte. Damals hatte es ihr für einige Tage Erleichterung gebracht, aber langfristig nicht wirklich weitergeholfen.

„Das lag vielleicht daran", konterte ihre Oma, „dass du deine alten Glaubenssätze noch nicht transformiert hast. Schau mal, in unserer Familie gab es über Generationen Menschen, die eine Art von Opferrolle innehatten. Sie hatten sich selbst sabotiert. Sie fühlten sich schuldig für etwas und erlaubten sich selbst nicht mehr glücklich zu sein. Das hatte etwas mit dem Krieg zu tun. Ich erzähle es dir einmal, wenn wir Zeit haben. Du wirst dich wundern, wie viele Menschen noch mit Problemen rumlaufen, die ihren Ursprung im ersten oder zweiten Weltkrieg hatten. Auch wenn sie selbst nicht persönlich vor Ort waren. Das nennt man transgenerationale Übertragung von Traumata. Sie kann schon im Mutterleib stattfinden. Das weiter zu erklären, führt jetzt im Moment zu weit. Außerdem bist du krank, liebes Kind. Ich wünsche dir alles Gute für eine schnelle Genesung. Wichtig ist jetzt für dich nur, dass du weißt, dass du diese alten Muster erst einmal ablegen darfst und dadurch eine Transformation erlangen kannst."

Ihre Oma warnte sie: Tiefsitzende Themen oder Traumata soll man nur mit einem Arzt oder Heilpraktiker zusammen bearbeiten. Sarah hatte noch eine Frage. Ihre Oma antwortete mit einem Beispiel: „In einem Workshop hatten wir eine Dame, die die Schwiegertochter nicht annehmen konnte. Es dauerte eine ganze Weile, bis sie offen zugab, dass diese angeblich nicht gut genug für ihren Sohn war. Die Erkenntnis, es offen aussprechen zu können, ohne bewertet zu werden war befreiend für diese Frau."- „Ohne bewertet zu werden? Das kann ich mir nicht vorstellen", konterte Sarah. „Warte ab. Die Seminarleiterin gab uns dann die Aufgabe zu schauen, warum sie ihre Schwiegertochter nicht annehmen konnte. Vielleicht war es auch systemisch? Und tatsächlich war es so, dass sie selbst als Tochter auch nicht angenommen wurde, weil ihre Mutter sich einen Sohn wünschte und kein Mädchen. Und weil dieser Schmerz noch nicht geheilt war, suchte die Seele im Außen nach einer Projektionsfläche. Die Natur strebt immer nach einer Homöostase. Die

Seele zeigt die Missstände auf. Die Gruppe hatte Verständnis für die Frau entwickelt, da auch sie in jungen Jahren abgelehnt wurde. So konnte man das Ganze in einem anderen Licht sehen.

In diesem Fall ging alles gut und die Frau konnte die alten und neuen Familiendramen erlösen." Abschließend fragte ihre Oma noch, ob sie irgendwie helfen könne, aber Sarah lehnte dankend ab. Sarah hatte das Gefühl, dass es ihr am nächsten Tag wieder besser gehen würde.

Sie hatte eine zündende Idee: Sie würde die strukturierte Liste aus dem alten Journal mit der Klopfakupressur kombinieren.

„Oh warte!" hörte sie ihre Oma zu Opa rufen „ich muss nochmal ins Haus, ich habe mein Gebiss im Haus vergessen. Haha, sei froh, dass Du solche Probleme nicht hast, Sarah. Gute Besserung!" Sarah lachte und sie verabschiedeten sich herzlich.

Damals, als ihre Oma das Journal schrieb, kannte sie die Klopfakupressur noch nicht. Die hatte sie erst später kennengelernt. Wenn diese Methode ihrer Oma jetzt geholfen hatte, gab ihr dies Mut und Hoffnung, dass es bei ihr auch funktionieren könnte. Ihre Oma wollte ihr die Methode genauer erklären.

Einen Versuch war es wert!

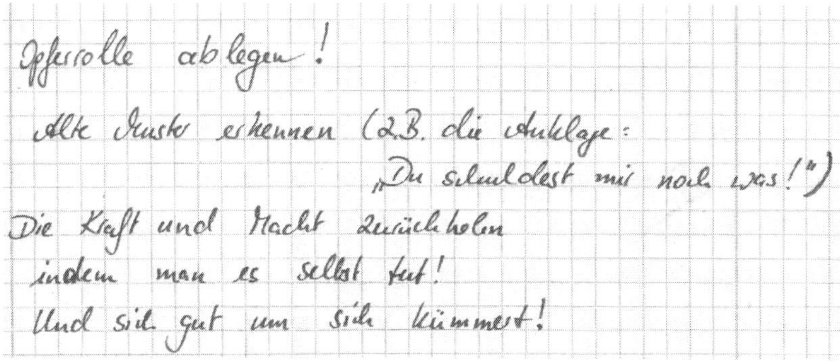
Opferrolle ablegen!

Alte Muster erkennen (z.B. die Anklage:
„Du schuldest mir noch was!")

Die Kraft und Macht zurückholen
indem man es selbst tut!
Und sich gut um sich kümmert!

Sarah klopfte die Thymusdrüse und **wiederholte** die Sätze: „Ich bin geliebt und beschützt. Ich bin geliebt und beschützt. Ich bin geliebt und beschützt."

Dabei imitierte Sarah mit rhythmischem Klopfen den Herzschlag. Klopf, klopf, kurze Pause, klopf, klopf, kurze Pause. Und so weiter. Das schien ihr zu helfen. Nach einer Weile fühlte sie sich besser.

Intuitiv spürte sie, dass ihr diese Übung guttat. Von da an wiederholte sie dies regelmäßig, um die Wirkung zu vertiefen.

KAPITEL 11 - INNERE RESSOURCEN ENTDECKEN

Am nächsten Tag setzte sich Sarah an den Tisch und nahm sich einen Zettel und Stift zur Hand. Manchmal kam sie sich so vor, als ob das Universum sagte: „So, wer will noch eine Prise Unglück auf seinem Lebensweg gestreut bekommen?" Und Sarah immer laut: „Hier!" rief. Jetzt aber nicht mehr. Es war Zeit für eine Wende! Ab heute wollte sie sich auf das Gute in einer Situation konzentrieren. Oder anders ausgedrückt: Sie wollte <u>sich mit den guten Energien in einer Situation verbinden. Oder mit den guten Energien in einem Menschen.</u>

Diese neue Einstellung passte hervorragend!

Sie nahm sich das Journal zur Inspiration und fing an zu schreiben.

<u>Fokus-Sätze:</u>

- Warum bin ich auf dem Weg der Heilung?

Weil ich es schon einmal geschafft habe.

Weil ich mich liebe.

Weil ich ein gesundes Immunsystem habe.

Weil ich mich nicht mehr negativ bewerte.

Ohh, das schreibe ich besser um in eine positive Form. Denn das Unterbewusstsein spricht in Bildern und sieht Verneinungen nicht.

Also:

- Warum bin ich auf dem Weg der Heilung?

Weil ich mich positiv bewerte – Weil ich mich liebe. Dann fielen ihr noch weitere Warum-Fragen ein:

- Warum verbinde ich mich mit dem Besten (mit dem Göttlichen) in der Situation?

Weil mein Fokus jetzt auf dem Positivem liegt.

- Warum fühle ich mich glücklich?

Weil ich mich gut um mich kümmere – weil ich mich liebe.

Sarah mochte Warum-Fragen. Jeder hat individuelle Antworten. Ihre Antworten waren anders als die ihrer Großmutter. Ein großartiges Werkzeug für ein besseres Selbst-bewusst-sein. Sich seiner selbst bewusst werden.

Klopf-Sätze:

Auch wenn ich Angst vor Ablehnung habe, liebe ich mich so, wie ich bin.

Alle guten Gründe für diese Angst. (Sie zeigen mir auf, wo ich eine Disbalance, eine Unausgeglichenheit, habe.)

Rat von Oma: Keine aufdeckenden Sätze formulieren!

Aufdeckende Sätze nur mit einer erfahrenen, professionellen Person besprechen.

Nach einem Telefonat mit ihrer Großmutter verstand sie den Unterschied zwischen aufdeckenden und stabilisierenden Sätzen. Es machte Sinn, nur Sätze zu verwenden, die das Unterbewusstsein stärkten. Ihre Oma erinnerte sie an ihren Mut-mach-Tanz. Zur Melodie ihres Mut-mach-Lieds sangen sie laut: „Ich kann das so toll! Wuhuhu, yeah, ich kann das so toll! Ich bin so tooooll" oder was ihnen gerade in den Sinn kam. Ein kleines Tänzchen dazu und sie fühlte sich wieder beschwingt.

Ihre Oma erinnerte sie daran, dass vollkommene Liebe jede Angst vertreibt!

Danach befasste Sarah sich mit der nächsten Frage:

Werde dir bewusst, wo genau das Problem liegt. Was genau stört dich an der Situation?

- Warum schaffe ich es, Frieden in die Situation zu bringen?
- Warum bringt das Universum Frieden in die Situation?
- Warum ist Frieden in der Situation?

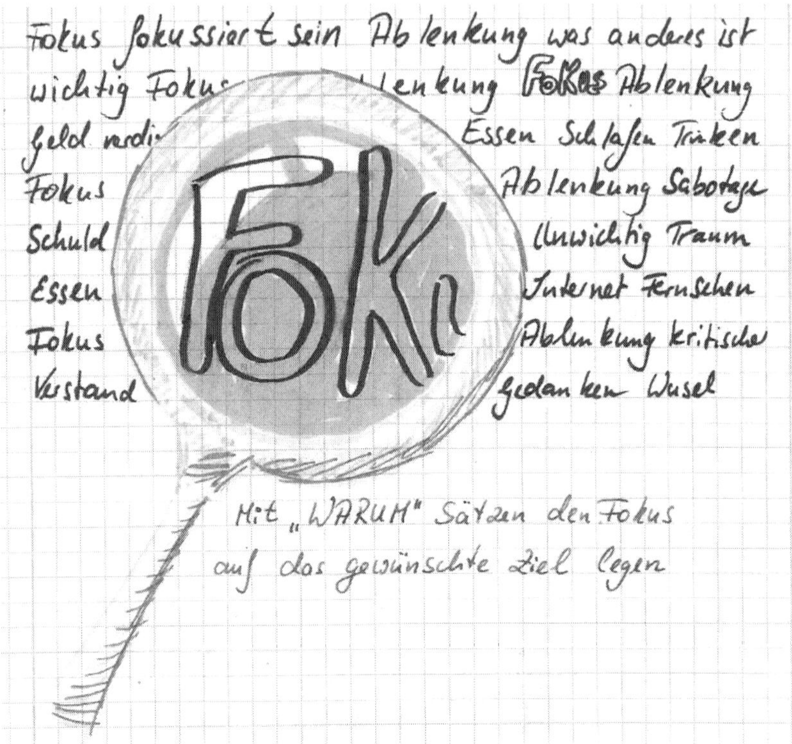
Fokus fokussiert sein Ablenkung was anderes ist
wichtig
Ablenkung
Fokus
Essen Schlafen Trinken
Fokus
Ablenkung Sabotage
Schuld
Unwichtig Traum
Essen
Internet Fernsehen
Fokus
Ablenkung kritische
Verstand
Gedanken Wusel
Mit „WARUM" Sätzen den Fokus
auf das gewünschte Ziel legen

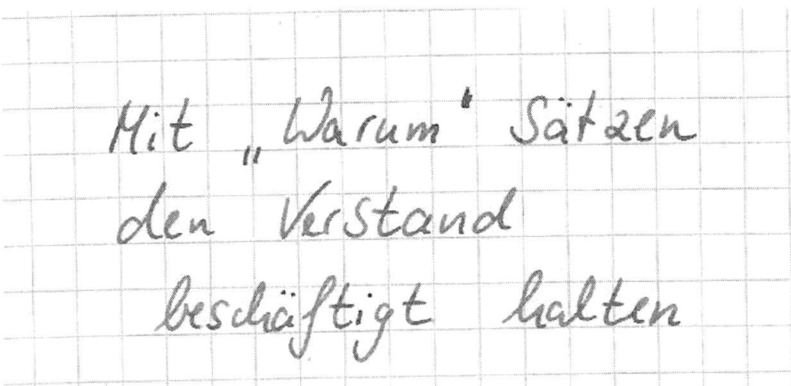
Mit „Warum" Sätzen
den Verstand
beschäftigt halten

Warum-Sätze sind wichtig. Nicht „Wie-Sätze".

Wenn ich sagen würde: „Wie schaffe ich es, Frieden in die Situation zu bringen?" könnte der kritische Verstand antworten: „gar nicht." Mit Warum-Sätzen kreiert man ein positives Umfeld für das gewünschte Ergebnis. Wenn sich der intellektuelle Zweifel einschleicht, kann diese Methode dich auf deinem Weg halten.

Learning by doing – Versuch macht klug – Fokussiert bleiben!

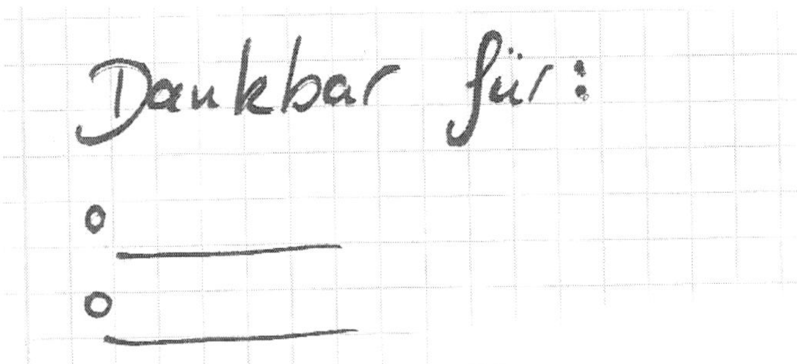

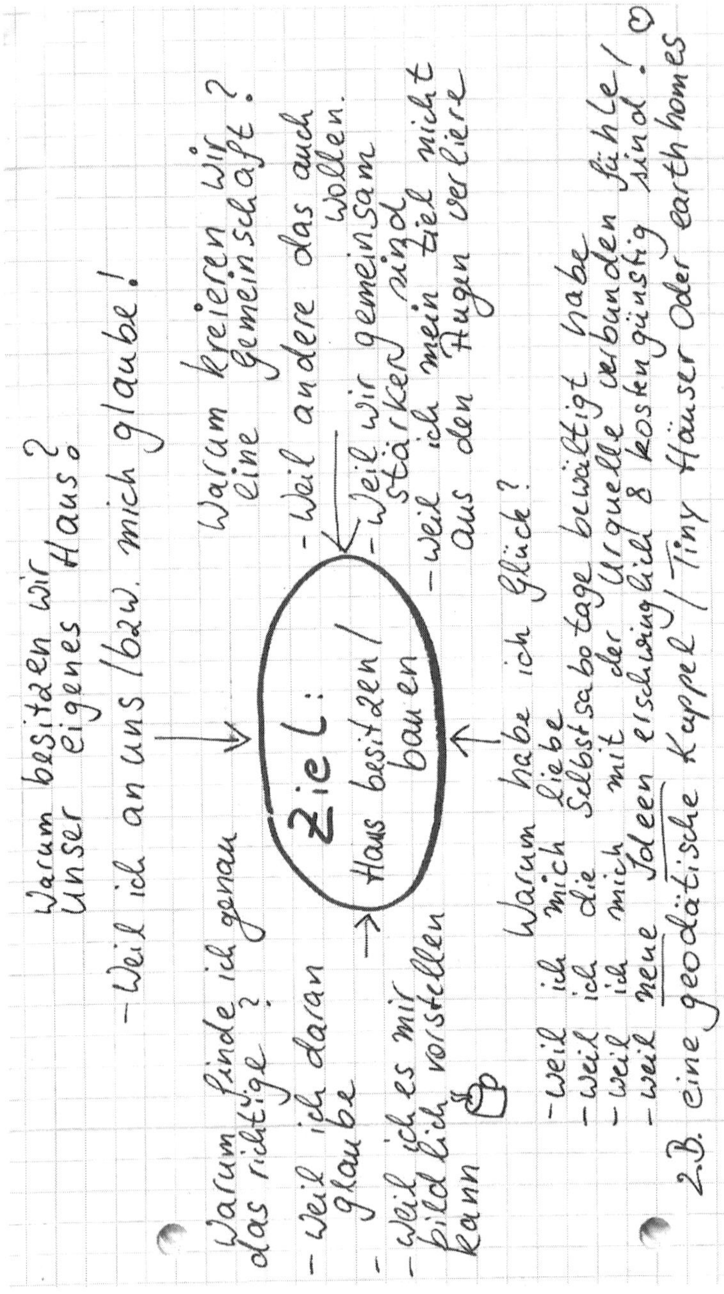
Warum besitzen wir unser eigenes Haus?

- Weil ich an uns / bzw. mich glaube!

Warum finde ich genau das richtige?

- Weil ich daran glaube
-
- Weil ich es mir bildlich vorstellen kann

Ziel:
Haus besitzen / bauen

Warum kreieren wir eine Gemeinschaft?

- Weil andere das auch wollen.
- Weil wir gemeinsam stärker sind
- Weil ich mein Ziel nicht aus den Augen verliere

Warum habe ich Glück?

- weil ich mich liebe
- weil ich die Selbstsabotage bewältigt habe
- weil ich mich mit der Urquelle verbunden fühle /
- weil <u>neue</u> Ideen erschwinglich & kostengünstig sind! ♡

z.B. eine geodätische Kuppel / Tiny Häuser oder earth homes

Sarah nahm sich vor, diese Methode zur Lösungsfindung einfach nachzumachen. Sie dachte, das kann man auf jedes Ziel, welches man sich setzt, anwenden. Und dann mit seinen eigenen persönlichen Herausforderungen anreichern. Sie wollte die so umformulieren, dass ihr Unterbewusstsein sie als Anweisungen nehmen kann. Es ist wie mentale Gymnastik, um den inneren Widerstand zu überwinden.

Plötzlich bekam Sarah eine SMS von ihrer Kollegin Nicole. Nicole wollte eigentlich Amy, der anderen Kollegin helfen, musste dort aber aus persönlichen Gründen absagen. Sarah fühlte in die Situation hinein und entschied sich spontan, für Nicole einzuspringen. Amy tat ihr leid. Sie hatte ihr immer geholfen, wenn sie auf der Arbeit nicht mehr weiterwusste. Amy hatte ihr mit dem komplizierten Abrechnungssystem geholfen und war nie schnippisch, auch wenn Sarah immer die gleichen Fragen stellte. Sarah war froh, dass sie jetzt im Gegenzug etwas Gutes für Amy tun könnte. Amys Mutter war krank und ihr Hund und ihre Katzen mussten versorgt werden. Irgendwie freute sich Sarah drauf. Es lenkte sie von ihren eigenen Problemen ab und gleichzeitig tat sie etwas Sinnvolles.

Als sie später mit dem Hund spazieren ging, schaute sie sich ihre „Warum"-Sätze an. Einer davon lautete: „Warum finde ich Heilung für die Situation mit meiner Mutter?" Während ihres Spaziergangs sprach sie diesen Satz mehrmals laut vor sich hin. Sie atmete die Waldluft tief ein. Das intensive Grün um sie herum ließ sie alle Sorgen vergessen. „Weil die Welt voller Wunder ist", kam ihr in den Sinn. Plötzlich spürte sie tief in sich eine Ruhe, die sich immer mehr ausbreitete. Da wurde ihr klar, dass sie in ihrem Bewusstsein eine Lösung finden würde und nicht davon abhängig war, wie ihre Mutter sich ihr gegenüber verhielt. Es lag alles in der Auslegung und in ihrer eigenen Interpretation der Dinge. Es ging mal wieder um das Bewusstsein.

Sie erkannte, dass sie sich entwurzelt gefühlt hatte. Und dass dieses alte Gefühl nicht nur die Beziehung zu ihrer Mutter betraf, sondern viel tiefer ging. Sie hatte sich von ihrem Urvertrauen entwurzelt gefühlt.

Vielleicht fühlte sie sich von ihrem ursprünglichen Bewusstsein entwurzelt. Vielleicht lag das auch daran, dass sie damals in ihrer Kindheit diese Gefühle hatte. Aber jetzt war sie erwachsen. Sie fragte sich, ob sie das selbst heilen konnte. Und sofort brachen Sonnenstrahlen durch die Wolkendecke hindurch. Als ob der Himmel ihr eine Antwort gab und ihre Frage bejahte. Sarah lachte und ließ die warmen Sonnenstrahlen auf ihrem Gesicht tanzen.

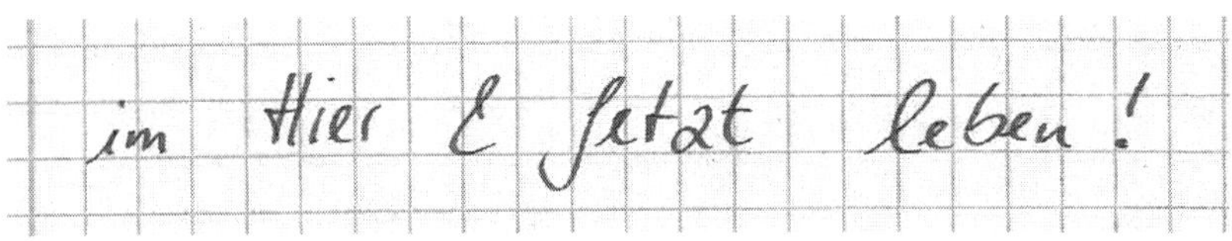

KAPITEL 12 - DAS EGO BESÄNFTIGEN

Oft erlag Sarah der Versuchung, in ihrem Leid zu schwelgen. Wie schön wäre es, wenn jetzt ihr edler Ritter zur Tür hereingeschneit käme und all ihre tiefsten Wünsche und Sehnsüchte auf die ein oder andere Art und Weise befriedigen würde. Sie müsste sich um nichts kümmern. Wenn etwas schief ginge, hätte sie nicht die Verantwortung. Sie würde ihren Kopf hochhalten und sagen: „Ich hätte es besser gemacht." So wie früher. Aber irgendwie bekam ihr dieses alte Muster nicht mehr.

Dann war da noch der andere Aspekt: Schuldzuweisungen. Ihr Ex war schuld, dass sie sich in diesem Schlamassel befand. Also musste er sie doch da wieder rausholen. Da war ein Anteil in ihr, der glaubte, dass ihr Ex ihr noch etwas schuldete. Manchmal wollte sie herausschreien: „Schau wie schlecht es mir geht! Jetzt kümmer' dich drum und tue etwas!"

Zu schön war dieser Gedanke, die Verantwortung komplett abzugeben.

Aber sie fühlte sich auch hilflos, ohnmächtig und verloren in dieser Situation.

Das bringt auch nichts, wenn mein Ex hier auftaucht, nur weil er ein schlechtes Gewissen hat. Das wäre nur eine kurzfristige Erleichterung und würde nur meinem Ego dienen. Ein geschmeicheltes Ego fühlt sich für eine Weile gut an. Aber das war die Ego-Falle, von der sie schon viel gelesen hatte. Langfristig blieben diese zunächst positiven Gefühle nicht. Es war auch nicht rund. Wenn jemand nur etwas tut, weil er ein schlechtes Gewissen hat, ist das nicht echt. Und andersherum würde sie so auch nicht gerne manipuliert werden.

Wenn ich andere so behandele, wie ich selbst behandelt werden möchte, erschaffe ich kein neues Karma und kein neues Drama. Ich wünsche mir das Beste für alle Beteiligten.

Somit sage ich Ade zu meiner inneren Einstellung, dass mein Ex mir noch etwas schuldet. Das heißt ja nicht, das alles vergessen ist. Auf der Seelenebene kann ich verzeihen. Aber im tagtäglichen Leben setzte ich gesunde Grenzen. Sie erinnerte sich an den Ratschlag, den sie ihrer Kollegin gab: Misch dich nicht in die Angelegenheiten oder Familienkonstellationen von anderen Leuten ein. Denn ansonsten gibst du ihnen die Erlaubnis, sich bei dir einzumischen. Wie einfach es war, anderen Menschen gute Ratschläge zu geben. Jetzt durfte sie das auch bei sich anwenden.

Sie seufzte und blätterte dann durch das Journal, um sich abzulenken.

Angstgefühle:

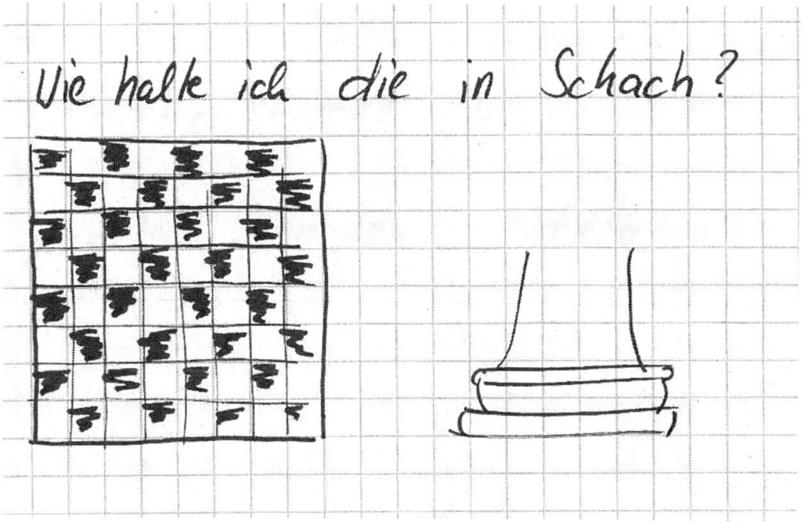

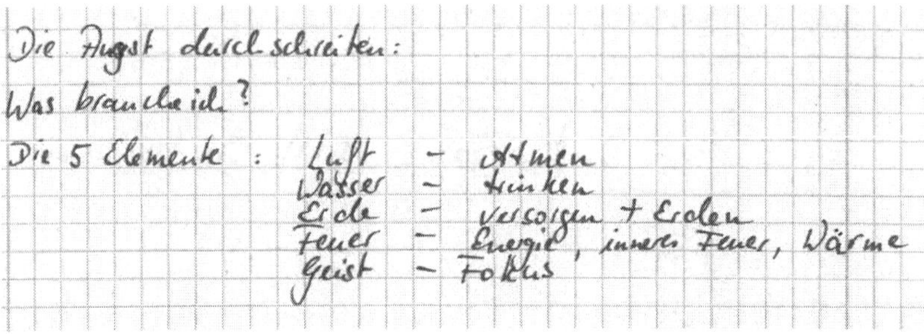

Sarah hatte sich mittlerweile an die Krakelschrift ihrer Oma gewöhnt und konnte sie immer besser entziffern. Welche Herausforderung!

Sarah brauchte dringend eine Pause.

Mini-Ritual:

Ich gehe hinaus in den Wald und lasse meine Sorgen dort.

Schon als Kind war sie oft in den Wald gegangen und hatte den Bäumen ihre Sorgen erzählt. Es ist immer wieder erstaunlich, wie erquickend ein Waldspaziergang sein kann, dachte sie sich. Wenn man dann noch ein kleines Mini-Ritual miteinbezieht, fühlt man sich erleichtert und befreit. An dem Tag bat sie ihre Engel um Hilfe. Intuitiv kam ihr der Gedanke, ihre Probleme den Steinen zu erzählen und sie dann einfach abzulegen. Mutter Erde wird es recyceln und erneuern. Ich lasse meine alten Probleme los und fokussiere mich dann auf das, was ich möchte, sagte sie sich. Sarah nahm sich einige Minuten Zeit und setzte sich mitten im Wald auf das weiche Gras. Die gesunde Waldluft tat ihr gut. Es brauchte nicht viel und Sarah versank in einen tiefen Entspannungszustand.

Sarah entschied sich für ein Mantra: „Ich danke dem Universum für diese wunderbare Möglichkeit, in eine tolle Wohnung umzuziehen." Dabei stellte sie sich bildlich vor, dass das Gewünschte bereits eingetroffen sei. Sie nahm sich vor, dies mindestens 21 Tage lang zu wiederholen.

Nach einer Weile spürte sie, wie sie neue Kraft getankt hatte, und sie entschied sich wieder aufzustehen. Beschwingt ging sie zurück zu ihren Alltagsaufgaben. Es waren noch einige Kartons zu packen!

Transformation: morgens Selbstsabotage - abends Heldentaten.

Alles, was es brauchte, war eine kleine Pause, um die Batterien wieder aufzuladen.

Sie rief ihre Oma mit der freudigen Nachricht an, dass es ihr besser gehe.

Ihre Oma sagte: „Die Leute gehen auf ein Seminar und haben ein Hoch. Wie lange, glaubst du, hält das an?“ - „Keine Ahnung. Ein Jahr?“- „Leider nicht, liebe Sarah. Meistens sind die guten Vorsätze und die Motivation, es ab jetzt anders und besser zu machen, nach ein paar Wochen schon wieder weg. Die Leute sind überfordert, wenn sie mehr als eine alte Gewohnheit ändern sollen.“- „Das kann ich gut nachempfinden. Vor allem für Menschen wie mich, die ihren alten Rhythmus brauchen, um sich sicher zu fühlen.“- „Ja, natürlich, mein Schatz. Aber wenn wir Veränderung wollen, können wir es nicht so weiterführen wie bisher. Und die Kraft zur Veränderung steckt in uns. Wenn wir es abgeben, also die Verantwortung abgeben, sind wir wieder abhängig vom Außen. Wir sind abhängig von dem, was ein anderer tut oder nicht tut.“

„Stimmt!“

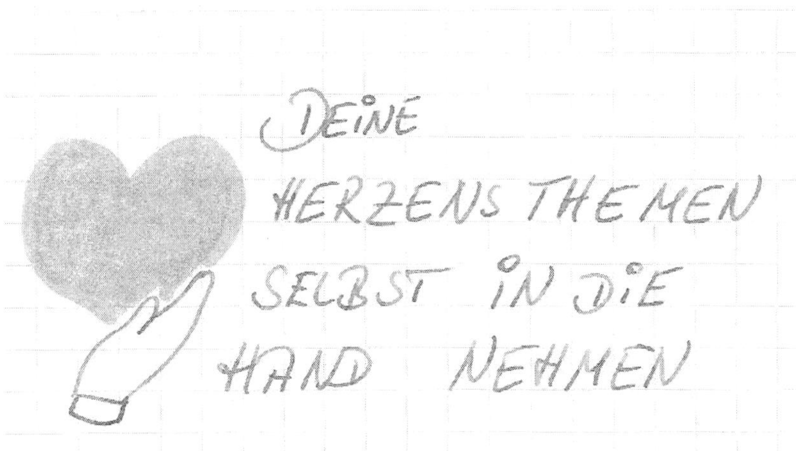

„Wenn du dich annimmst und Verständnis für deine Situation hast, dann bist du nicht im Widerstand zur jetzigen Situation. Das ist wichtig. Dann bist du in der Liebe für dich, für die Situation, für das Leben. Dein Körper und deine Symptome zeigen dir das, was du gerade sehen sollst. Alle guten Gründe dafür. Wenn du es annimmst, ist es einfacher zu verstehen oder zu transformieren, als wenn du im Widerstand zu dem bist, was ist.

Egal ob es „Ebbe auf deinem Konto" ist, oder eine „ungesunde Beziehung" oder andere Symptome. Das ist der natürliche Ausdruck im Außen, dass du nicht im Fluss bist, sondern im Mangel. Mir hatte folgende Aussage geholfen:

„**Alle guten Gründe, die jetzige Situation anzuerkennen!**"

Es gibt gute Gründe für die jetzige Situation.

Es ist wichtig, die jetzige Situation so anzunehmen, wie sie ist. Ohne in einem inneren Widerstand zu sein.

Ich nehme die jetzige Situation so an, wie sie ist, und mache ab jetzt das Beste daraus.

„Wenn man den inneren Saboteur oder die Opferrolle ablegen möchte, so ist es wichtig, diese Lücke mit etwas anderem zu füllen. Z. B. kann es sein, dass wir eine systemische Verknüpfung haben." - „Was ist eine systemische Verknüpfung?"- „Stell dir vor, dass die Opferrolle von uns als junger Mensch von einem geliebten Menschen unbewusst übernommen wurde. Sagen wir mal, eine Tochter hat das von ihrer Mutter übernommen. Denn unbewusst sagen wir: „Ich mach das so wie du, Mama." Oder: „Ich mach das so wie du, Papa." Das Band der Verknüpfung zu geliebten Familienmitgliedern ist sehr stark. Da wäre es dann wichtig, dieses Band mit etwas Positivem zu ersetzen, damit das Unterbewusstsein nicht sagen kann: Auf keinen Fall lasse ich dieses alte Muster los, denn es ist das Band der Verbundenheit zu meiner Mutter!

Ich hatte mal eine Freundin, da haben wir dann dieses Band mit etwas Positivem ersetzt. Ich hatte sie gefragt: Welche wunderschöne Erinnerung hast du an deine Mutter? In dem Fall war es das Gärtnern. Und so pflanzte sie eine neue Pflanze und erinnerte sich dabei liebevoll an ihre geliebte Mutter. Und damit ersetzte sie das Muster „Opferrolle" mit dem neuen Muster „Blumenliebe", welches sie liebevoll an ihre Mutter erinnerte. Das Band der Verbundenheit wurde so in der Welt der Gedanken und Gefühle aufrechterhalten. Und somit konnte das Unterbewusstsein die Opferrolle loslassen. Denn kein anderer Glaubenssatz war im Widerspruch dazu. Vorher war da der Glaubenssatz: „Ich halte an allen Mustern fest, die mich an meine Mutter erinnern. Oder die mich mit meiner Mutter verbinden. Und stell dir vor, liebe Sarah, danach konnte sie die Opferrolle ablegen. Alles, was sie anpackte, gelang ihr viel besser. Und jedes Mal, wenn sie sich um ihre Blumen kümmerte, erinnerte sie sich an ihre geliebte Mutter. Die Selbstsabotage, die teilweise unbewusst stattfand, hörte endlich auf."

"Wow, das hört sich toll an.

Aber wie legt man die Opferrolle ab?"

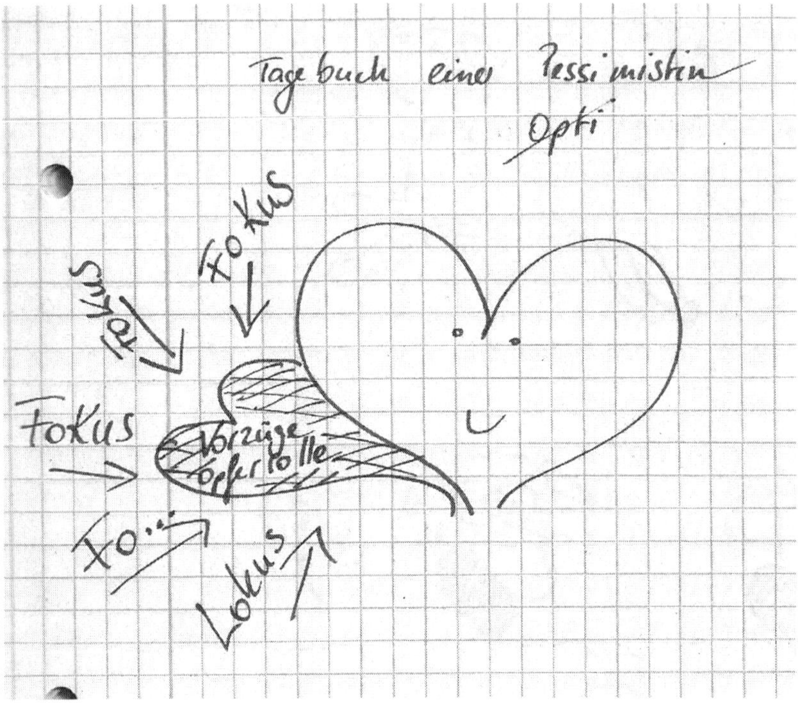

Bei einer Opferrolle liegt der Fokus auf der inneren Bewertung „Etwas ist missglückt". Wer weiß schon langfristig, ob das, was passiert war, ein Segen war oder nicht? Denn um zu wachsen und bewusstzuwerden, brauchen wir eine Vielzahl an Erfahrungen. Manchmal ist es hilfreich, wenn eine Tür zugeht. Dann kann sich eine andere Tür öffnen.

Es kann auch Vorzüge haben, eine Opferrolle innezuhaben. Man macht es sich in seiner Komfortzone bequem. Andere sind vielleicht da, um einen zu trösten, wenn etwas falsch läuft. Man hat seinen Platz in der Familie. Wer weiß, ob man noch geliebt wird, wenn man jetzt erfolgreicher wäre als die jetzige Nummer 1 in der Familie. Denn das könnte das ganze Familienkonstrukt zum Wackeln bringen. Wenn man die Vorzüge der Opferrolle kennt, kann man sie vielleicht leichter ablegen. Denn sie können eine Weile hilfreich sein, aber irgendwann vielleicht nicht mehr.

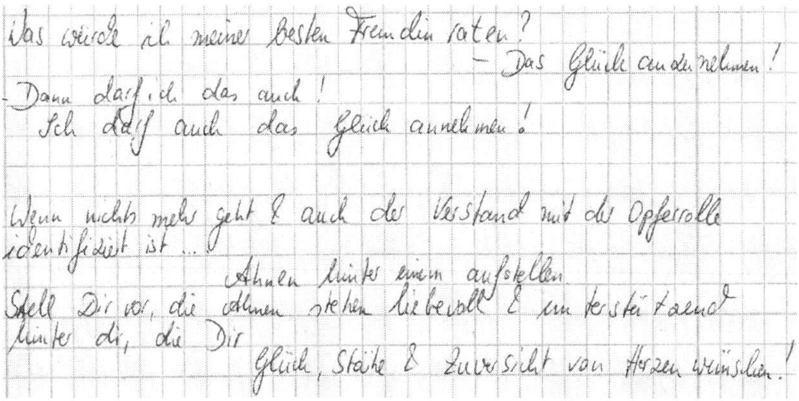
Was würde ich meiner besten Freundin raten?
– Das Glück annehmen!
– Dann darf ich das auch!
Ich darf auch das Glück annehmen!

Wenn nichts mehr geht & auch der Verstand mit der Opferrolle identifiziert ist …
Ahnen hinter einem aufstellen
Stell Dir vor, die Ahnen stehen liebevoll & unterstützend hinter dir, die Dir Glück, Stärke & Zuversicht von Herzen wünschen!

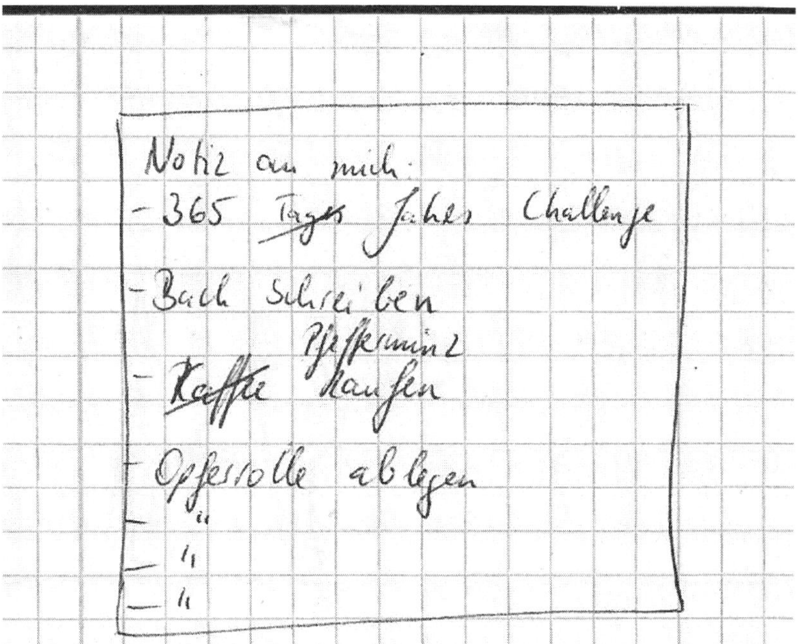
Notiz an mich:
- 365 ~~Tages~~ Jahres Challenge
- Buch schreiben
- ~~Kaffee~~ Pfefferminz kaufen
- Opferrolle ablegen
- "
- "
- "

Sarah spürte in sich hinein.

„Es gibt viele mögliche Wege, eine Opferrolle abzulegen" setzte ihre Oma fort.

„Manchmal kann es so einfach sein wie einen Zettel zu verbrennen.

Man kann ein kleines Ritual abhalten. Dabei schreibt man etwas auf einen Zettel, was man ablegen möchte. Das übergibt man dem Feuer. Der Prozess des Verbrennens kann ein starkes Symbol dafür sein, dass etwas vorbei ist. So wie das Feuer das Papier in Asche verwandelt, kannst du die Energie umwandeln oder loslassen.

Letztendlich ist es eine bewusste Entscheidung. Eine Entscheidung, sich für alles Gute, was das Universum zu bieten hat, auszurichten.

Eine bewusste Entscheidung, sich neu auszurichten.

Und den Fokus auf etwas anderes zu legen als bisher."

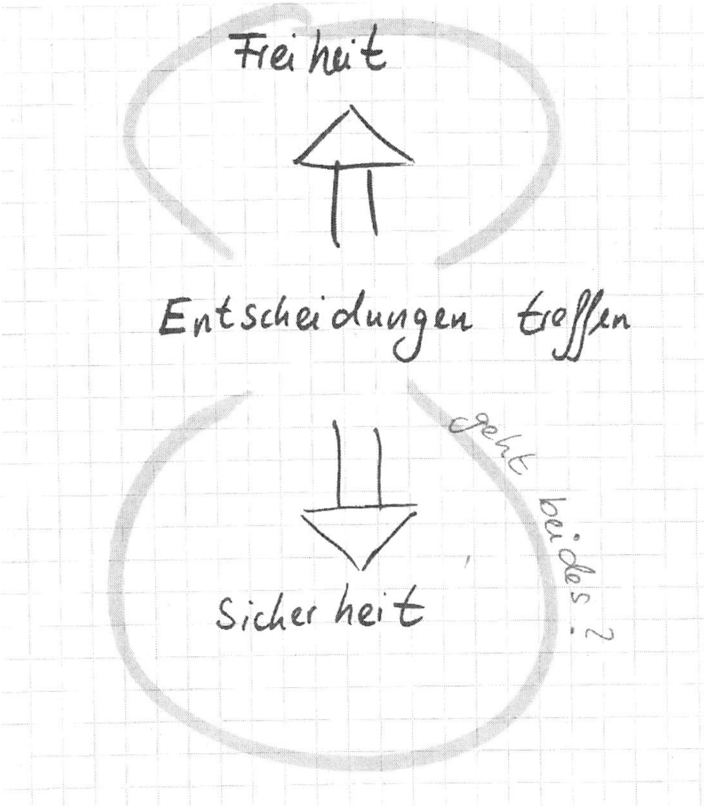

Geht beides?
Wenn es in der Liebe verankert ist.

„Es gibt Leute, die das positive Denken ankotzt. Das kann ein Hinweis darauf sein, dass man das „Gute“ im „Negativem“ suchen darf. Also dass man den Schatten integrieren darf. Und alle guten Gründe für den inneren Saboteur suchen darf. Ein gutes Beispiel dafür ist der sekundäre Krankheitsgewinn. Man ist krank und macht sich Sorgen um seine Zukunft. Gleichzeitig ist man aber auch ein bisschen froh, dass man nicht arbeiten gehen muss. Das ist das „Gute“ in dieser „negativen“ Situation. Das darf man sich erst angucken, bevor man die Opferrolle transformiert.“

Und so sprach Oma: „Siehst Du mein Kind, wir sind Körper, Geist und Seele und was denkst du, war zuerst da?“ - „Mmmh,“ antwortete Sarah: „die Seele?“ - „Nun, das ist wohl eine Frage, die sich jeder selbst beantworten darf. … Aber ja, das denke ich auch... die Seele...“ Ihre Katze Amruk kam auf sie zu, schnurrte behaglich und ließ sich streicheln. „Und wenn die Seele zuerst da war, dann hat sie sich unsere Eltern ausgesucht und unseren Körper, oder?“ philosophierte Oma. Sarah bekam große Augen. „Und das ist die größte Aufgabe in unserem Leben, unser Schicksal zu akzeptieren und umzuwandeln. Die Fehler unserer Eltern zu verzeihen und uns irgendwann auch selbst zu verzeihen. Vielleicht brauchten wir all diese Probleme im Außen, um in uns selbst die Lösung zu finden.“

Sarah streichelte wie wild ihre Katze, um das alles sacken zu lassen. „Ich bin die, die ich bin, aufgrund meiner Erfahrungen,“ dachte Sarah „gute, wie schlechte Erfahrungen.“ Dieser Gedanke gab ihr einen gewissen Frieden.

Oma musste noch eine witzige Anekdote erzählen: „Opa hat eine Arbeitsweste mit Klettverschlüssen.

Letztlich wollte er zum Supermarkt einkaufen gehen. Und per Zufall sah ich, dass eine Unterhose an seinem Klettverschluss dranhing. Die muss sich in der letzten Wäsche daran verhakt haben. Du hättest ihn mal sehen sollen! Er stolzierte in der Küche umher und trug unfreiwillig diesen Slip zur Show. Ich lachte mich krumm und schief. Es dauerte eine Weile, bis er es bemerkte. Stell dir vor, ich hätte ihn so durch den Supermarkt laufen lassen!" Sarah brach in schallendes Gelächter aus! Es tat immer wieder gut, mit ihrer Oma zu lachen.

KAPITEL 14 – EIN KLÄRENDES GESPRÄCH

Manchmal verfiel Sarah in ihre alte Melancholie. Wie sollte das alles weitergehen? Tagsüber fühlte sie sich ganz gut. Abends, sobald es dunkel wurde, kamen ihre Ängste wieder hoch. Und im Vergleich zu ihrer Oma fühlte sie sich nutzlos, klein und unwichtig. Sie konnte doch nicht jedes Mal ihre Oma anrufen, wenn sie sich schlecht fühlte.

Und manchmal hatte sie einfach den Faden verloren. Was genau war denn jetzt im Augenblick wichtig?

Ihre Oma sagte: „Du spürst intuitiv, womit du in Resonanz gehst, wenn du etwas aus dem Journal liest. Vielleicht bekommst du eine Gänsehaut. Oder du fühlst dich einfach zu einem bestimmten Thema hingezogen. Dann ist gerade das Thema wichtig für Dich."

Ok, ich hatte mir meine Ängste angesehen, dachte sie. Warum sind sie dann immer noch da? Ihre trägen Gedanken wurden jäh unterbrochen. Ein Schlüssel drehte sich im Schloss. Im Flur hörte sie das Klacken der hochhackigen Schuhe der Freundin ihres Vaters. Sarahs Tür stand noch offen. „Oh nein, jetzt sieht sie mich mit Tränen in den Augen." Sie wollte dieser Power-Frau nicht die Genugtuung geben, sie in einem schwachen Augenblick erwischt zu haben. Aber es war schon zu spät. „Hallo", rief Andrea freudig. Seitdem Sarah einen Umzugstermin hatte, hatte sich Andreas Verhalten ihr gegenüber wie um 180 Grad gedreht. Scheinbar war sie froh, dass Sarah auszog. Da stand Andrea schon in der Tür und sah Sarahs bedrücktes Gesicht. „Was ist los, Maus? Hey, komm mal her!". Die „Maus" hätte sie sich sparen können. Aber ihre Stimme und ihr mitfühlender Gesichtsausdruck waren sehr freundlich. Sarah blickte auf, „Du hast eh keine Zeit mir zuzuhören." - „Hey, dann nehmen wir uns jetzt einfach die Zeit. Es tut mir leid, wenn wir zusammen keinen guten Start hatten. Ich war mir nicht sicher, wie die Sache mit deinem Vater verläuft. Ich hatte Angst, dass er mich wieder raushaben will, um mehr Zeit für dich zu haben. Aber jetzt sehe ich, dass das nicht so ist. Er hatte mir auch erklärt, dass er ab und zu mit dir mal etwas alleine unternehmen möchte. Das ist jetzt auch vollkommen OK für mich. Ich verstehe das jetzt. Ich will ihn ja auch nicht immer dabeihaben, wenn ich mit meiner besten Freundin was unternehme. Also wenn du magst, ziehe ich mir gerade die Schuhe aus und setze mich dann ein paar Minuten zu dir."

Sarah hielt einen Moment inne. Sie hatte sich fest vorgenommen sich gut um sich selbst zu kümmern. Hieß das jetzt, dass sie sich vor einem möglichen Gespräch mit Andrea schützen sollte, weil es ihr möglicherweise nicht guttun würde? Sarah nahm sich einen Augenblick Zeit. Sie schaute Andrea in die Augen. Andreas Ausdruck und Haltung waren freundlich und Sarah entschied sich dazu, genau diese Freundlichkeit zurück zu spiegeln, und stimmte einer herzlichen Unterhaltung zu.

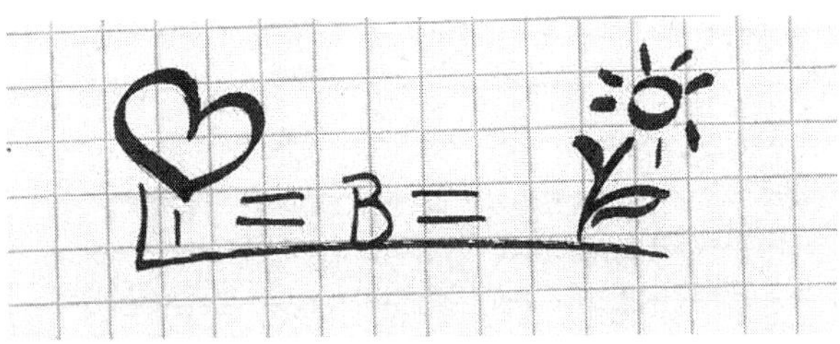

Das Gespräch mit Andrea tat gut. Sarah war froh, dass sie ihr nicht wie früher eine patzige Antwort gegeben hatte. Das hätte kein klärendes Gespräch nach sich gezogen.

Am Ende prosteten sie sich mit ihren Limonadengläsern zu. Andrea bot ihr den alten Trinkspruch an: „Niemals über dir – niemals unter dir – immer neben dir." Und symbolisierte das, indem sie das Glas einmal über Sarahs Glas hielt, einmal unter dem Glas und zum Ende mit ihr auf gleicher Ebene anstieß. Sarah fühlte sich geehrt. Und vor allem fühlte sie sich gesehen und verstanden.

Es war gut zu wissen, dass sie auch mal mit Andrea reden konnte, wenn ihr Vater nicht da war. Sie raffte sich auf und räumte weiter auf.

Abends war Sarah zu müde, um noch etwas Anstrengendes zu machen. Also nahm sie sich Zeit, um weiter im Journal zu blättern.

Im Journal ihrer Oma standen weitere hilfreiche Notizen.

Eine davon war zum Thema Durchhaltevermögen.

Manchmal scheint es, als ob genau das, was man ablegen möchte, sich zunächst noch einmal verstärkt. Dann geht es darum, die Situation einfach anzunehmen. So wie sie ist. Im **Hier und Jetzt** zu sein. Die Situation nicht zu bewerten. Es ist wie es ist. Den „Ist"-Zustand annehmen.

Den Fokus auf das Gewünschte beibehalten. Daraufhin nahm Sarah sich ihre **Warum-Liste** und ergänzte sie um einige Punkte.

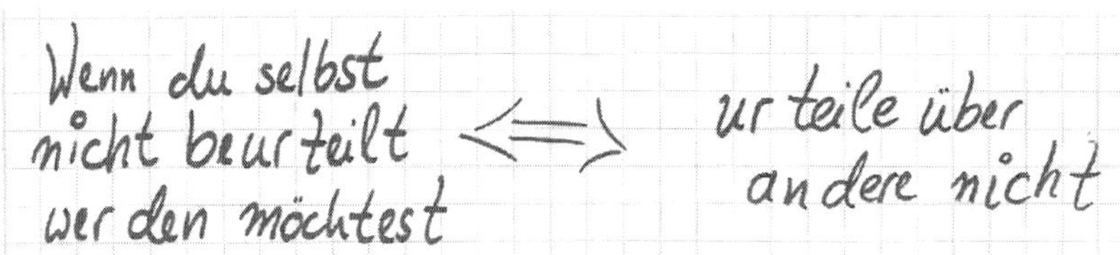

(Und beurteile dich nicht, und wenn, dann nur liebevoll. Als liebevolle Selbstreflektion, als liebevolle BeWERTung. Nicht als vernichtende Kritik.)

Jetzt wollte Sarah wirklich zum Kern der Sache kommen.

- Warum schaffe ich es, einen klaren Kopf zu bewahren?
- Warum gelingt mir der Umzug besonders gut und mit Leichtigkeit?
- Warum fühle ich mich heute dankbar?
- Warum fühle ich mich heute glücklich?

Den letzten Satz änderte sie nochmal ab:

- Warum fühle ich mich heute zufrieden?

Zunächst kamen nicht zu allen Punkten Antworten. Aber nach einer Klopfrunde schrieb sie mehrere Antworten auf.

- Warum schaffe ich es, einen klaren Kopf zu bewahren?

Weil ich in der Ruhe bleibe.

Weil ich es schon oft geschafft habe.

- Warum gelingt mir der Umzug besonders gut und mit Leichtigkeit?

Weil ich an mich glaube.

Weil ich Unterstützung habe.

- Warum sage ich meine Meinung, ohne mich schlecht dabei zu fühlen?

Weil ich auch mal dran bin, meine Meinung zu sagen.

- Warum fühle ich mich heute dankbar?

Weil ich mich auf das konzentriere, wofür ich dankbar bin.

- Warum fühle ich mich heute zufrieden?

Weil ich mich geliebt fühle.

Weil ich mich liebe.

Weil es mir gut geht.

Weil ich mein Lieblingsessen genieße.

Weil ich Glücksgefühle erzeugen kann.

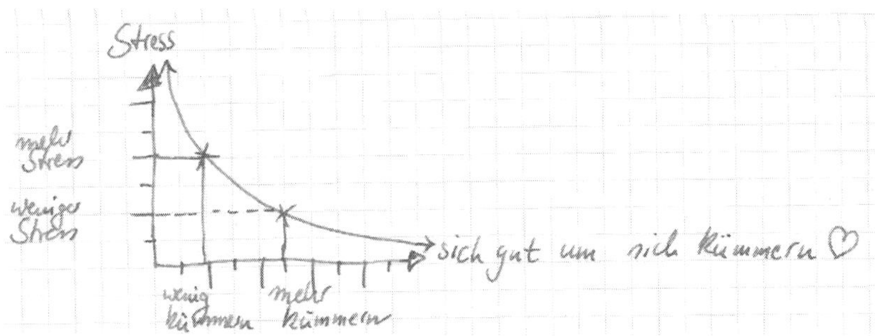

Sie fragte sich, ob es manchmal wirklich so einfach war. Ja, es konnte so einfach sein, wie sein Lieblingsessen zu genießen.

Oder seine Lieblingsmusik hören. Warum sollte sie sich die Welt komplizierter machen als sie schon war?

An diesem Tag fokussierte Sarah sich auf das Hier und Jetzt. Ihre alten negativen Glaubenssysteme fielen dabei wie beim Dominoeffekt eines nach dem anderen um.

„Die indigenen Völker wussten, wie wichtig es sein kann, Stress und Ängste zu transformieren. So gibt es nicht wenige Naturvölker, die Feste haben, wo sie bis zur Ekstase hin tanzen. Es wird viel Positives über solch einen Zustand berichtet, wenn er richtig angewandt wird. Aber mit oder ohne Ekstase sind unsere Gefühle wichtig. Denn hier kann ich gut das Unterbewusstsein neu programmieren, wenn man wohltuenden Gefühlen folgt. Für sich und für die anderen."

Ich liebe dieses **Mantra:**

Wie fühle ich mich, wenn ich das Gewünschte erreicht habe?

Wichtig ist dabei, sich das bildlich vor Augen zu führen und tief in das Gefühl zu gehen. Die Erleichterung, Freude, die tiefe Zufriedenheit und all die anderen Gefühle ganz und gar zu fühlen. Das hat mir immer sehr geholfen" schrieb ihre Oma in ihrem Journal.

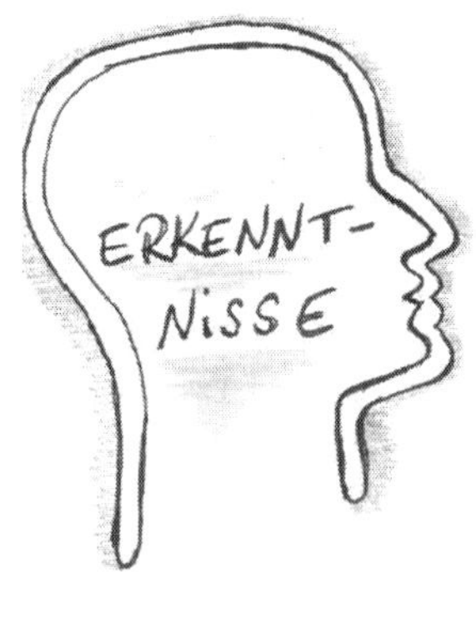

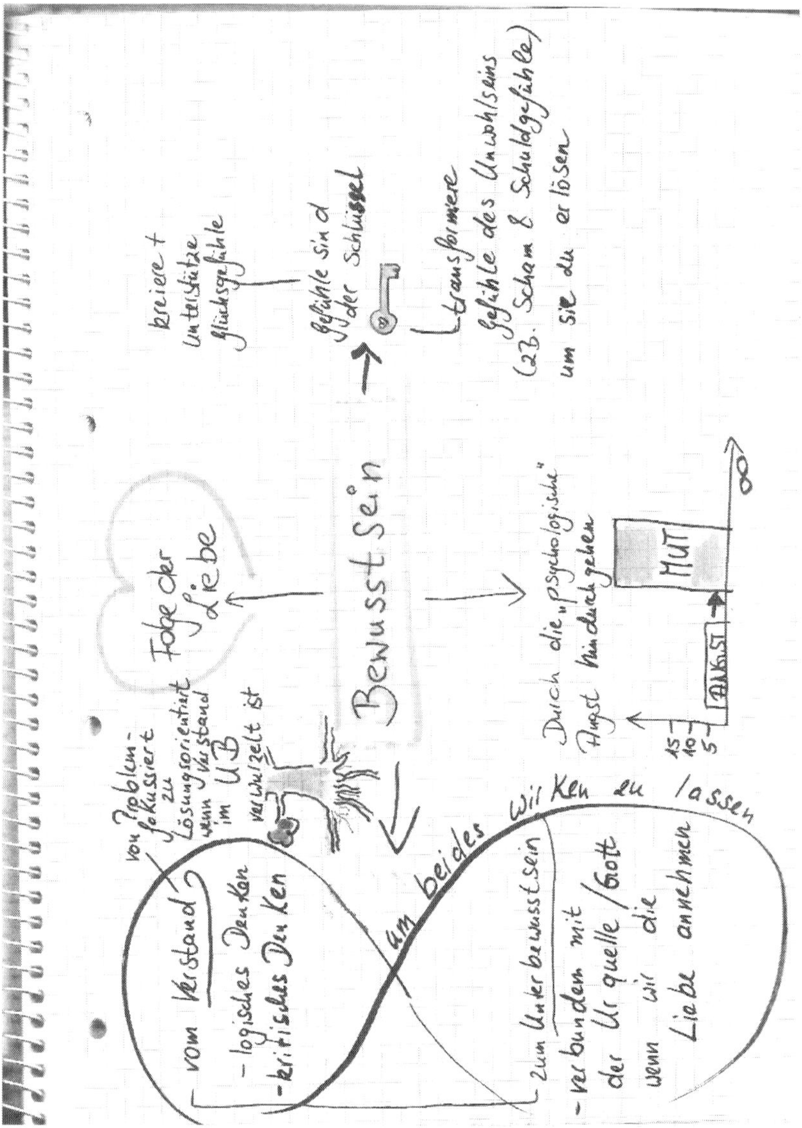
vom Verstand
- logisches Denken
- kritisches Denken
von Problem-fokussiert zu Lösungsorientiert wenn Verstand im UB verwurzelt ist
Folge der Liebe
Bewusst Sein
um beides wirken zu lassen
zum Unterbewusstsein
- verbunden mit der Urquelle / Gott
wenn wir die Liebe annehmen
Durch die „psychologische" Angst hindurch gehen
ANGST
MUT
15
10
5
∞
kreiere + unterstütze Glücksgefühle
Gefühle sind der Schlüssel
transformiere Gefühle des Unwohlseins (z.B. Scham & Schuldgefühle) um sie zu erlösen

Welche Motivation? Angst oder Liebe?

Agiere ich aus dem Mangel heraus oder aus der Liebe, dem Urvertrauen heraus?

Und wie merke ich das?

Alles, was ich tue, alle Entscheidungen, die ich treffe, sind sie aus dem Mangel heraus ODER

sind diese Entscheidungen aus der Liebe heraus (aus dem Vertrauen heraus) getroffen worden?

Manchmal gibt es einen Mischmasch aus unterschiedlichen Gründen für eine Entscheidung. Hier zählt das Bewusstsein darüber. Welche innere Bewertung habe ich zu den einzelnen Gründen? Wie kann ich es so umdrehen, dass Entscheidungen aus dem Vertrauen heraus gefällt werden und nicht aus der Angst heraus? Indem man dieses Bewusstsein mit in neue Entscheidungen nimmt, kann man später wieder eine gesunde Balance herstellen. Mütter von mehreren Kindern können ein Lied darüber singen (man kann es nicht jedem zu jeder Zeit recht machen...)

Auch das Thema über die Motivation beeindruckte Sarah. Alles hatte mehr Sinn und sie verstand, dass es darauf ankam, ob man aus Angst heraus etwas machte oder aus dem Vertrauen heraus. Denn das konnte die Grundlage für ein besseres Gelingen sein.

Fokus:
das was ich möchte
(nicht das was ich nicht möchte)

Konfuzius soll gesagt haben: „Der Weg ist das Ziel."

Mit welcher Motivation gehe ich auf diesem Weg?

Auf das „wie" kommt es an.

Der Weg ist das Ziel…

Nicht das Ziel ist das Ziel. So wird der Druck weggenommen und Du konzentrierst Dich auf den Weg und nimmst das Hier und Jetzt wahr. So bist Du offen für Deine Wirklichkeit und verbunden im natürlichen Fluss.

Es ist eigentlich egal, welches Ziel Du hast, es geht mehr um das „wie" nicht um das „was"….

Wie tust Du es?

Mit Liebe?

In innerem Frieden?

Der Weg ist das Ziel…

Du bist schon zuhause, Du darfst Dich nur erinnern.

Sarah nahm sich vor, sich öfter in ihrem eigenen Körper zuhause zu fühlen. „Ich bin ganz und vollständig, so wie ich bin", flüsterte sie zu sich selbst.

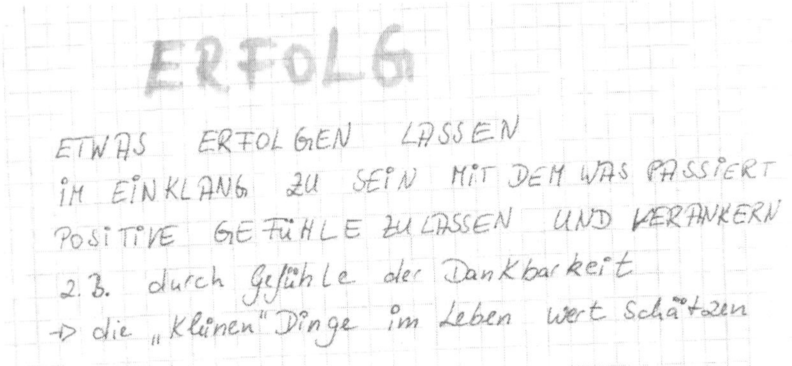

ERFOLG

ETWAS ERFOLGEN LASSEN
IM EINKLANG ZU SEIN MIT DEM WAS PASSIERT
POSITIVE GEFÜHLE ZULASSEN UND VERANKERN
z.B. durch Gefühle der Dankbarkeit
-> die „Kleinen" Dinge im Leben wert Schätzen

Sie schaute sich das Thema Erfolg und erfolgreich sein genauer an. Warum war in unserer Gesellschaft das Materielle so wichtig? War man nicht auch schon erfolgreich, wenn man für einen Nachbarn etwas Gutes getan hatte? Wenn man eine wundervolle Geburtstagsfeier organisiert hatte? Und man dabei wundervolle Erinnerungen erschafft hatte? War es nicht das, worauf es im Leben ankam? In dem Büchlein las sie den Satz: „Erfolgreich zu sein bedeutet, mit dem was erfolgt im Einklang zu sein.“ Was für ein Gefühl: Dann war sie ja fast jeden Tag erfolgreich!

KAPITEL 16 - MUTTERLIEBE

Das Telefon klingelte und Sarah war überrascht, das Profil ihrer Mutter zu sehen. „Hallo mein Schatz, ich wollte mich melden. Ich bin bald in Deutschland und ich komme dich dann in deiner neuen Wohnung besuchen.“ Nach einer Weile fragte ihre Mutter sie, ob ihr Vater ihr schon die Box mit ihren alten Briefen gegeben hatte. Sarah verneinte. „Sarah, dann erzähle ich es dir. Dein Vater hatte sich lange nicht getraut. Seine Ex-Freundin hatte die ganzen Briefe, die ich dir geschrieben hatte, nicht weitergegeben. Ich glaube, die meisten Briefe hat sie weggeschmissen. Dein Vater meinte, dass seine Exfreundin wohl Angst hatte, dass er auch nach Thailand kommen würde, weil ich dich ja jedes Mal in den Sommerferien eingeladen hatte. Dabei hätte ich doch auch so eine Lösung gefunden. Oder Oma wäre mit dir runtergeflogen. Ach, das war alles sehr schade. Und kompliziert. Dein Vater und ich hatten damals ja kaum gesprochen.“ Sarah war perplex.

Und all die Jahre hatte sie gedacht, dass ihre Mutter sich einfach nicht mehr gemeldet hatte. Dabei hatte die Ex-Freundin ihres Vaters die Briefe ihrer Mutter einfach nicht an sie weitergeleitet. Wie war das möglich? Dann fiel ihr ein, dass ihre Mutter sie ab und an am Telefon gefragt hatte, ob sie nach Thailand kommen wollte.

Aber Sarah hatte das damals als Scherz abgetan und nicht weiter beachtet. „Sarah,“ sagte ihre Mutter „bitte vergiss nie, dass ich dich liebe. Da sind schlimme Sachen damals passiert. Und es tut mir wirklich leid. Ich war die Erwachsene und ich hätte Sachen in die Hand nehmen müssen. Aber bitte reduziere mich nicht nur auf meine Fehler. Du und ich wir hatten ja auch schöne Zeiten und das weißt du! Alles, was ich jetzt tun kann, ist, mich zu entschuldigen. Du warst damals noch ein Kind und hast die Probleme von deinen Eltern nicht verstanden. Ich wollte nur, dass du weißt, dass ich dich immer geliebt habe und immer lieben werde. Dein Dad hat die Box mit meinen alten Briefen gefunden und Oma davon erzählt. Ich weiß nicht, warum er sie dir noch nicht gegeben hat. Vielleicht hat er es einfach vergessen. Bitte fühl dich lieb von mir umarmt. Ich freue mich, dich ganz bald wiederzusehen!"

Sarah war immer noch überrascht. Es dauerte eine Weile, bis sie realisierte, dass sie ihrer Mutter vielleicht Unrecht getan hatte.

Die Worte ihrer Mutter klangen noch immer in ihren Ohren: „Reduziere mich nicht auf meine Fehler!" Und das war genau das, was Sarah getan hatte.

Sarah nahm sich vor, in Zukunft sich selbst ein liebevolles Umfeld zu kreieren. Egal ob sie sich geliebt fühlte oder nicht. Sie erkannte, dass ihre Mitmenschen genau das waren: Menschen. Und Menschen machen Fehler. Genauso wie sie auch selbst Fehler machen konnte.

Später am Abend lenkte sie sich mit sozialen Medien ab. Sie war erstaunt, über einen Artikel von Mina Bissell zu stolpern. Es ging um Biologie und Krebsstudien. Frau Bissell kam zu dem Ergebnis, dass alles von dem Umfeld abhing, in dem der Krebs zu wachsen versuchte. „Also das Umfeld bestimmt, ob das Kranke Fuß fassen kann oder nicht!" dachte Sarah. Auch hier ging es wieder um das Umfeld. Interessant.

Ihre Oma hatte sie gefragt: „Liebst du dich so, wie du bist?"- „Nein", hatte sie damals geantwortet. Da waren noch Anteile in ihr, die nicht zu 100% an diese Aussage glaubten. Anstatt in einem Zustand zu verharren, in dem sie im Mangel war, drehte sie die Situation um. Sie konzentrierte sich auf das Ergebnis, das sie wollte. Also klopfte Sarah: Warum liebe ich mich, so wie ich bin?

Weil ich auch nur ein Mensch bin. Und Menschen machen Fehler.

Weil Liebe bedingungslos ist.

Weil ich ein toller Mensch bin.

Trotzdem kamen immer noch Aspekte hoch, die ihren Selbstzweifel anfeuerten. „Ich liebe mich ganz und gar. So wie ich bin", fühlte sich immer noch nicht echt an. Da kam ihr intuitiv die Idee, diesen positiven Satz bei einer Massage zu vertiefen und ganzheitlich zu verinnerlichen. Am Verstand vorbei zum Unterbewusstsein! Ja, das war es!

Ein paar Tage später hatte sie ihren Massagetermin. Sie merkte, wie Druck langsam von ihr abfiel und sie sich mehr und mehr entspannte. Als die Endorphine und andere Glückshormone ihren Körper durchfluteten, dachte sie an den Satz: „Ich liebe mich, so wie ich bin. Von ganzem Herzen." Und ließ diesen Satz auf sich wirken. Sie atmete tief ein und langsam aus. Später dachte sie, dass sie dies auch beim Yoga machen könnte oder wenn sie durch den Wald spazieren ging. Der kritische Verstand wäre mit der gesunden Waldluft abgelenkt und sie könnte auch dort bei einem schönen Spaziergang ihre neue, positive Einstellung vertiefen.

KAPITEL 17 – KÖRPER ODER GEIST?

Sarah wollte den Deal mit einem Ritual verankern.

Sie machte einen Pakt mit sich selbst, um von jetzt an sich nur auf positive Sachen zu konzentrieren. „Energie folgt der Aufmerksamkeit“, war das nicht ein berühmtes Zitat?

Allerdings, wenn sie ehrlich war, lief es nicht immer so einfach, wie sie sich das wünschte.

Nach diversen weiteren Rückschlägen kam der Tag des eigentlichen Umzugs immer näher. Sie hatte einen Entschluss getroffen und kleine Enttäuschungen bestätigten ihr nur, dass sie jetzt genau wusste, was sie wollte. Und was am wichtigsten war. Denn wäre es nicht so wichtig gewesen, dann wäre sie nicht so enttäuscht gewesen. Daraufhin fasste sie den Entschluss, es in Zukunft selbst zu machen oder halt so lange sich in Geduld zu üben, bis ihr Ziel erreicht war.

Oder besser darüber zu entscheiden, was wirklich wichtig war. Was wesentlich war.

Sarah nahm sich Zeit für sich und setzte sich in ihren Lieblingssessel.

Es gab einen Druckpunkt an der Seite der Handkante, den sie leicht drückte und festhielt. Sie summte und fühlte sich mit jedem Atemzug besser.

Ihr Atem wurde ruhig und gleichmäßig. „Alles, was nicht zu mir gehört und nicht meinem Höheren Selbst dient, lasse ich sofort und auf allen Ebenen los." Sarah kamen alte Sprüche von Lehrern oder Verwandten in den Sinn. Sprüche oder Bemerkungen, die sie sich als Kind oder junge Erwachsene zu Herzen genommen hatte. Zu sehr zu Herzen genommen hatte. Einige dieser Sprüche hatten Sarah klein gehalten und mit der Feststellung, dass sie das jetzt loslassen würde, hatte sie sich eine neue Ausrichtung gegeben. Sie wiederholte den Satz: „Alles, was nicht zu mir gehört und nicht meinem Höheren Selbst dient, lasse ich sofort und auf allen Ebenen los." Sarah spürte, wie ihre Schultern entspannten. Sie nahm sich Zeit, bis sie sich viel besser fühlte. Sarah nahm sich vor, diesen Druckpunkt auch in Zukunft zu nutzen. Sie konnte ihn drücken und leicht festhalten, wenn sie sich mal nicht so gut fühlte. Vielleicht konnte so ihr Körper daran erinnert werden, dass er sich selbst helfen konnte, wieder in einen ruhigen Zustand zu kommen.

Nach dieser Übung fiel es Sarah leichter festzustellen, was für sie wesentlich war.

Sarah wollte sich ihr neues Zuhause so einrichten, dass sie sich rundum wohl fühlte. Es gab kein besseres Gefühl auf der Welt, als sich geliebt zu fühlen und zuhause so richtig gut angekommen zu sein. Seine gewohnte, geliebte Umgebung um sich herum zu haben. Was gab ihr das Gefühl zuhause zu sein? Bei Sarah waren es Katzen. Sie liebte ihre Katzen Amruk und Phaedrus. Phaedrus hatte sie von einem Motorradfahrer geerbt, der in Amerika eine Motorradtour machen wollte und eine vorübergehende Unterkunft für seinen Kater suchte, bis er zurückkam. Er hatte den Kater bis jetzt noch nicht wieder abgeholt und würde es wahrscheinlich auch nicht mehr tun. Beide Katzen gaben ihr ein Gefühl des Zuhauseseins. Vielleicht war dies gekoppelt an Erinnerungen aus ihrer Kindheit. Wenn sie bei ihren Katzen war, fühlte es sich so an wie früher. Alte Erinnerungen der Unbeschwertheit kamen hoch. Ihre Katze schmuste mit ihr und sie hatte keine Sorgen auf der Welt. Sie hatte sich schon immer zu Katzen hingezogen gefühlt. Sarah dachte immer, dass jeder genau das finden darf, was ihm ein Gefühl von einem liebevollen Zuhause gibt. Das kann bei jedem anders sein.

Der Körper kann sich auch über Gerüche an zuhause erinnern. Auf einmal wunderte sie sich, ob der Körper sich auch an negative Situationen erinnerte und abspeicherte? Zum Beispiel wenn man eine schlechte Erfahrung in der Schule gemacht hatte.

Sarah konnte sich lebhaft an eine furchtbare Situation mit einem Lehrer erinnern. Sie fühlte sich von ihrem Lehrer drangsaliert und ungerecht behandelt. Der Lehrer hielt sich selbst nicht an die Regeln, die er ihr vorschrieb. Ein Lehrer sollte mit gutem Beispiel voran gehen. Und trotzdem stellte der Lehrer sie vor der ganzen Klasse bloß. Das war so unfair, dass sie enttäuscht, wütend und traurig zugleich war. Danach wurde sie krank. Sie hatte auch später als Erwachsene ein Gefühl der Bedrückung, als sie nochmal das verhasste Schulgelände betrat. Irgendwie hatte sie ein komisches Gefühl in ihrer Magengegend.

Gab es einen Zusammenhang, dass sich ihr Körper an die negativen Auswirkungen im Zusammenhang mit diesem Gebäude erinnerte?

Hatte ihr Körper ein Erinnerungsvermögen, welches dann an das Gebäude und nicht an den Lehrer gekoppelt war? Sie erinnerte sich an ein anderes Beispiel, welches ihre Kollegin ihr erzählte. Die sagte ihr, dass sie seit der vierten Klasse Heuschnupfen hätte. Auch sie erzählte von einer unschönen Begebenheit mit einem Lehrer. Sarah überlegte. Was würde im Unterbewusstsein passieren, wenn das zufällig im Mai gewesen wäre, wo Pollenflug war? Kann es sein, dass der Körper oder das Unterbewusstsein einen schützen wollte, um eine solche negative Situation in Zukunft zu vermeiden und dann deswegen eine Pollenallergie entwickelte? War das dann eine Art Erinnerungsmuster, bei dem das Unterbewusstsein wieder getriggert werden konnte? Dabei hatten vielleicht die armen Pollen gar nichts mit dem ursprünglichen Auslöser zu tun.

Eine spannende Frage, der Sarah später noch einmal nachgehen wollte.

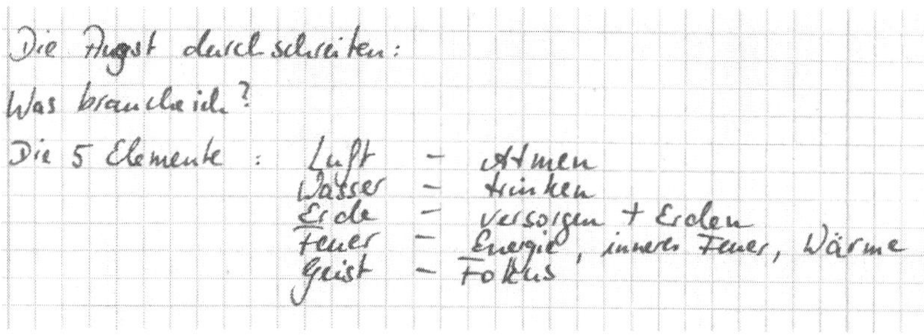
Die Angst durchschreiten:
Was brauche ich?
Die 5 Elemente: Luft – Atmen
Wasser – trinken
Erde – versorgen + Erden
Feuer – Energie, inneres Feuer, Wärme
Geist – Fokus

In dem Tagebuch ihrer Oma stand:

Einige Ratschläge sind scheinbare Widersprüche.

Lass dich dadurch nicht irritieren.

Sei nicht im Widerstand zu etwas, sondern stelle dir einen anderen Ist-Zustand vor.

In der Bibel gibt es viele Gleichnisse darüber.

Die Buddhisten nennen es Koan.

Folge der Liebe. Wünsche dir das Beste für alle Beteiligten. Das schließt dich mit ein. Du bist ja auch beteiligt. Eine Freundin von mir hatte die Lese-Rechtschreib-Schwäche. Ihr wurde geraten, sich nicht dahinter zu verstecken. Es kann passieren, dass man in eine Opfer-Rolle fällt, wenn man sich darauf reduziert, dass man diese oder eine andere Schwäche hat.

Also:

- das Hier und Jetzt annehmen
- alle guten Gründe für diesen Zustand anerkennen
- sich bedingungslos lieben und akzeptieren
- danach sich das Thema genauer ansehen und sich vorstellen, das Gewünschte ist schon eingetroffen

Als Beispiel die Lese-Rechtschreib-Schwäche. Auch hier kann man sich auf seine Stärken fokussieren:

-Meine Kommunikation ist hervorragend.

-Ich habe ein gutes Verständnis.

-Ich weiß, wie ich mir selbst helfen kann

Auch hier kann es einen Unterschied machen, worauf ich mich konzentriere. Auf den Mangel oder auf mögliche Ressourcen? Bin ich problemfokussiert oder lösungsorientiert?

- tief durchatmen
- genug getrunken?
- Vertrauen: ist das „Glas halb leer oder halb voll?

Sarah wollte an diesem Tag früh zu Bett gehen. Doch vorher nahm sie sich noch einen Satz aus dem Journal zu Herzen:

Verändere das Bild, welches du von dir hast. Anstatt nur im Außen die Erfüllung deiner Wünsche zu suchen.

Im Halbschlaf setzte sie dies um und stellte sich bildlich vor, dass sie eine erfolgreiche Autorin sei. Es war Zeit, ihre verborgenen Talente aufzudecken.

KAPITEL 18 – UNVERHOFFT KOMMT OFT

Sarah fokussierte sich auf ihren klaren Geist. Die körperlichen Ertüchtigungen taten ihr gut. Sie schlief endlich nachts besser durch und fühlte sich morgens ausgeschlafen und frisch. Nicht nur das Packen der Umzugskartons, auch das Rauf-und-runter-Laufen im Treppenhaus bauten ihre Muskeln auf. Und die frische Luft tat ihr gut. Sie kam jetzt öfter nach draußen durch das Aufräumen und die Entsorgungen. Noch einmal schlafen und dann war es endlich so weit! Am nächsten Tag war der große Umzug und nichts und niemand würde sie aus der Ruhe bringen. Sie hatte einige neue Erkenntnisse gehabt und war danach viel klarer im Kopf. Morgen war ihr großer Tag! Der Tag in ein neues Leben!

Sie war voller Vorfreude und konnte es kaum erwarten!

Nur zehn Minuten später fühlte sie sich so, als wollte sie ihre eigenen positiven Worte wieder herunterschlucken. Hatte sie sich selbst Lügen gestraft? Unverhofft begegnete sie André. Ihr Ex stand schon in ihrer offenstehenden Wohnungstür und ließ ihr keinen Platz, um auszuweichen. Im ersten Augenblick fühlte es sich so an, als rutschte ihr Herz in die Hose. „Atmen", dachte sie sich. André stotterte sich etwas zurecht und es dauerte etwas, bis sie den Versuch einer Entschuldigung daraus erkennen konnte. Er war aber noch nicht fertig. Weitere zehn Minuten später hatte er ihr sein Herz ausgeschüttet und machte ihr ein wichtiges Angebot. Ein kurzes Aufblitzen in seinen Augen machte sie stutzig. Mit nervöser Stimme bat er sie, ihrer Beziehung eine neue Chance zu geben.

Ihr Kopf dröhnte. Ihr Herz wurde weich beim Anblick ihres Ex-Geliebten und klopfte ihr bis zum Hals. Sie blickte in die Augen, die sie so sehr geliebt hatte und wahrscheinlich immer noch liebte.

Ihre Seele verlor sich in diesen Augen. Ihr Herz pulsierte und sie wusste nicht, ob das gut oder schlecht war. „André“, sie stieß ihren ehemaligen Partner von sich weg. „Gib mir Platz zum Atmen und zum Denken! Was ist mit Anna?“ - „Es hat nicht funktioniert. Es ist schon lange aus zwischen uns. Es war nur ein Rausch, aber nichts Echtes. Ich dachte du hattest das schon gehört, dass wir schon lange nicht mehr zusammen sind.“ Sarah hatte es sich schon fast gedacht. Sie hatte nie das Gefühl gehabt, dass es sich bei den beiden um die große Liebe handelte. Sie ging in die Küche, um Zeit und Abstand zu gewinnen. Langsam goss sie sich ein Glas Wasser ein. Sie beobachtete die Klarheit des Wassers und wurde sich der Ruhe im Auge des Sturms bewusst.

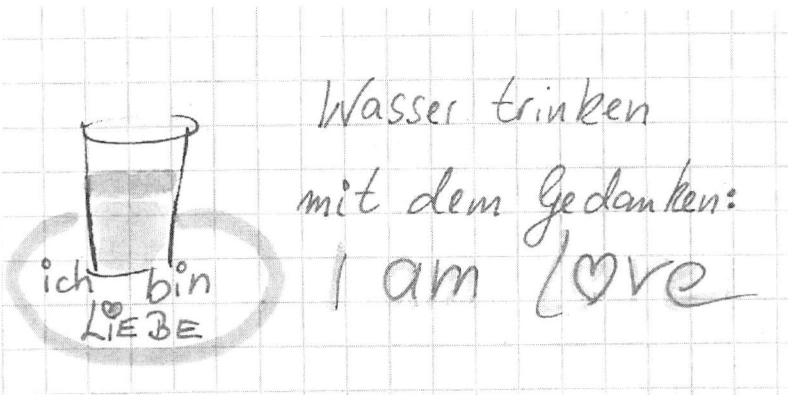

Sie schloss die Tür hinter sich, um einen physischen Abstand zu André zu erlangen. Irgendwie war es zwar süß, dass er sie so bedrängte und ihr zeigte, wie wichtig sie für ihn war. Nur sie sei es, die einen Schlüssel zu seinem Herzen hätte. Hat ja auch lang genug gedauert, bis ihm das bewusst wurde, dachte Sarah sarkastisch. Sie fühlte sich endlich bestätigt. Aber von einem Moment auf den anderen dachte sie: Fühlt sich das auch richtig und echt an? Oder war das nur ihr Ego, welches jetzt laut triumphierte und sich geschmeichelt fühlte?

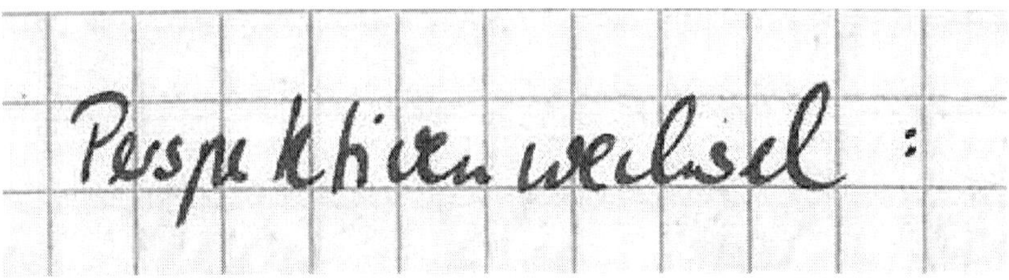

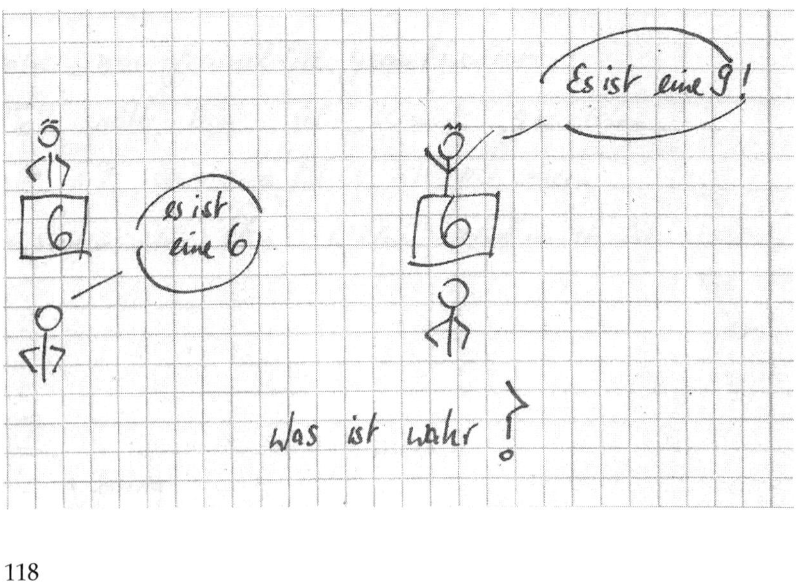

Wie auch immer sie sich entschied, sie brauchte Zeit.

Da fielen ihr die Worte aus der schwarz-roten Kladde wieder ein: „Ich verzeihe dir. Und ich verzeihe mir. Ich gebe es ab ans Universum!“ In einem Aufbegehren ihrer Seele stampfte sie mit einem Fuß auf den Boden! Das ist ein Befehl an mein Unterbewusstsein! Sie wollte nicht, dass er ihr noch etwas schuldete. Sie wollte ihn nicht hassen. Denn dadurch würde sie sich nur selbst vergiften. Denn Hass tat ihrem Herzen nicht gut. Diese Einsicht hatte sie schon vor einigen Wochen gehabt. Sie hatte immer noch Gefühle für ihn. Auch jetzt flogen noch die Funken zwischen ihnen. Diese Erkenntnis gab ihr den Mut, ihm komplett zu verzeihen. Ja, es brauchte Mut. Denn das Ego hatte Angst davor, eine falsche Entscheidung zu treffen und zu früh loszulassen. „Sarah!“, rief André flehend von draußen, „wenn wir uns beide der nackten Wahrheit stellen, dann musst du auch ehrlich mit dir sein. In letzter Zeit hast du mich für jeden Scheiß verantwortlich gemacht. Dabei gehören immer zwei dazu. Wir beide haben Fehler gemacht. Und ich habe noch so viele Gefühle für dich! Erinnere dich, was du immer gesagt hast: Liebe überwindet alle Grenzen!“ Für einen kurzen Augenblick stand die Zeit still, bis Sarah die Worte laut wiederholte: „Ich verzeihe dir. Und ich meine es. Und ich verzeihe mir. Auch ich habe Fehler gemacht. Schon vorher.“ Mit dieser Ansage war die schlechte Atmosphäre wie weggeblasen. Wenig später sagte sie: “Und ich verzeihe Anna. Wir sind alle nur Menschen.“ Sie lauschte in die Stille, die danach entstand. War das Andrés Atem? Oder schluchzte er? „Ich wünsche mir das Beste für alle Beteiligten. Und ich brauche momentan Zeit und Platz. Platz für mich. Mich selbst zu finden“, fuhr Sarah fort. Es folgten noch mehrere Schwüre, Beteuerungen und Versprechungen von André.

Aber nach einer Weile erkannte auch er, dass es schon längst nicht mehr nur um den einen Fehltritt ging, sondern um viel mehr. Er erkannte auch, dass Sarah ihm von Herzen verziehen hatte. Und er erkannte, dass er keine Kopie lieben wollte. Keine Kopie seiner eigenen Vorstellung von einer Frau. Er wollte die Sarah lieben, die frei und eigenständig war. Und dazu musste er sie frei lassen.

Es war Zeit für einen Neuanfang.

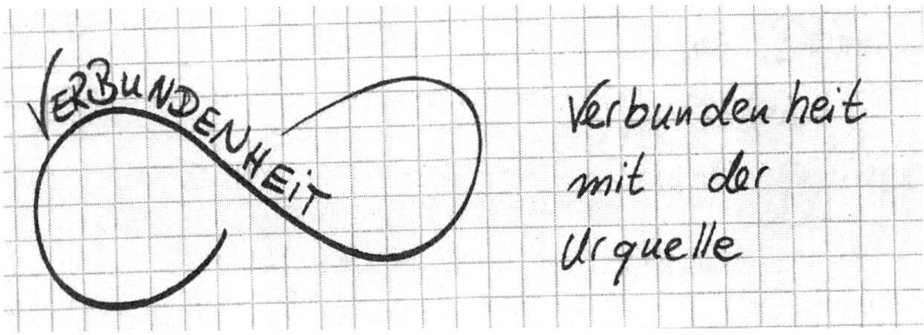

KAPITEL 19 – ENDLICH KLARHEIT

Nach gefühlt endlosen Stunden verabschiedete sich André mit hängendem Kopf, aber mit der Zuversicht, es wenigstens versucht zu haben. Und mit der Zuversicht seine wahren Gefühle ausgedrückt zu haben. Sarah blieb verdattert zurück, aber sie war glücklich darüber, die richtigen Worte gefunden zu haben. Und sie war noch glücklicher darüber, ihrer inneren Eingebung gefolgt zu sein. Denn nachdem sie sich gesagt hatte, dass sie es an die heilsame Kraft des Universums abgab, durchströmte sie eine innere Zuversicht, die ihr Kraft und Vertrauen gab. Eine innere Intuition, die ihr sagte, folge deinem Herzen, wir sind für dich da. Als ob ihre Schutzengel mit ihr gesprochen hätten. Und mittlerweile dachte sie: Es war egal, ob es Schutzengel gab oder nicht. Das Gefühl war das Entscheidende. Das Gefühl geliebt zu sein, gab ihr Kraft und Vertrauen. Das Gefühl, dass eine höhere Institution ihr helfen würde, wenn man sie um Hilfe bittet. Aber diese Institution war nicht von dieser Welt. Diese Energie durchströmte diese Welt. Das gab ihr Vertrauen. Vertrauen in die Zukunft. Eine Zukunft, die manchmal ungewiss sein konnte. Ob ihr gemeinsamer Weg mit André jetzt schon zu Ende war oder nicht, spielte in diesem Moment keine Rolle. Das würde sich später noch klären. Aber das, was immer gewiss war, war die Liebe. Egal wie sie sich zeigen wollte.

Sarah spürte, dass sie lange Zeit ihre Wut unterdrückt hatte. Und, dass dies nicht gesund war. Endlich stand sie zu ihrer eigenen Wahrheit. Und anstatt gegen etwas zu sein, drehte sie das herum und war für etwas. Das schien das Unterbewusstsein besser zu verstehen. Energie folgt der Aufmerksamkeit. Anstatt gegen das Verhalten von André zu sein, schaute sie sich an, was genau sie ärgerte. Zum Beispiel war sie wütend, dass er

Entscheidungen getroffen hatte, die in ihrem Verantwortungsbereich lagen. Sarah hätte das letzte Wort haben müssen, da es um Themen ging, die ihr Leben oder ihre Arbeit betrafen. Anstatt sich jetzt über André zu ärgern oder über sich selbst zu ärgern, dass sie oft nachgegeben hatte, drehte sie dies um. „Ab jetzt nehme ich mir vor, eigenmächtiger zu handeln. Ich freue mich darüber, Entscheidungen treffen zu können. Und ich traue mich, eigene Entscheidungen zu treffen!“ sagte sie laut.

Da fiel ihr wieder das angebliche Zitat von Einstein ein: „Die wichtigste Frage, die du dir stellen kannst: Ist das Universum ein freundlicher Ort?“ Sarah beantwortete das mit: ja! Ja! Ja!

Sie fühlte das nicht nur in ihrem Körper, sondern mit ihrem ganzen Sein.

Es ist die wichtigste Frage, die man sich stellen konnte. Endlich wurde ihr die Bedeutung dieser Frage bewusst.

So wie man sich diese Frage im Innern beantwortet, das sendet man nach Außen aus. So wie man in den Wald hineinruft, so schallt es heraus. Wenn man glaubt, dass das Universum ein freundlicher Ort ist, geht man damit in Resonanz. Und zieht wie ein Magnet diese Situationen in sein Leben: die Freundlichkeit des Universums. Oder eben nicht, wenn man an das andere glaubt. Der Glaube kann Berge versetzen. Wenn dein Inneres schwingungsmäßig mit dem übereinstimmt, womit du dann im Außen in Resonanz gehst.

So durfte sie sich das, was sie sich am meisten wünschte, erst einmal selbst schenken: Liebe, Anerkennung und Zuneigung. Denn was sie im Innern trägt, spiegelt sich dann irgendwann im Außen.

Wie ist meine neue Ausrichtung?

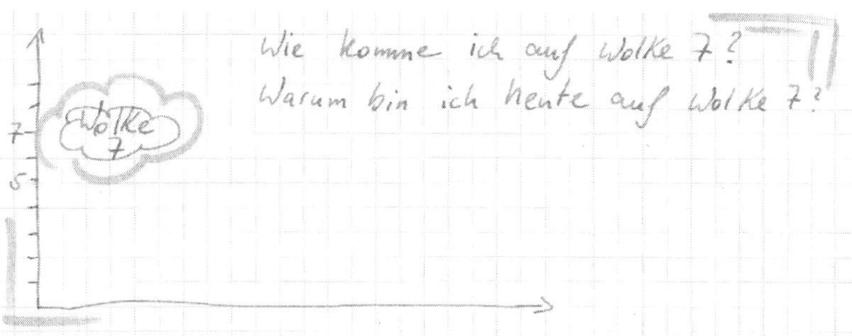

Wenn ich glaube, dass die Welt ein Elend ist, dann kann ich diesen inneren Glauben im Außen manifestieren. Und wenn ich glaube, dass die Welt ein schöner Ort ist, dann kann ich das im Außen manifestieren. Immer ein bisschen mehr. Den emotionalen Frieden in mir, den kann mir keiner mehr nehmen. Sarah fühlte sich von Kopf bis Fuß befreit. Befreit von ihren eigenen inneren Fesseln, von alten Glaubenssätzen, die ihr nicht mehr dienten. Und dank André hatte sie jetzt das Vertrauen, dass ihr das Leben keine unangenehmen Überraschungen mehr präsentieren konnte. Denn sie war jetzt tief gefasst in sich selbst. Und sie fühlte das. Und dadurch waren Körper, Seele und Geist eine Einheit. Das ist es, was ganzheitlich bedeutet: Körper, Seele und Geist. Endlich war sie im Einklang! Sie trank einen Schluck Wasser und fühlte das kalte Wasser in ihrem Mund. Sie war im Hier und Jetzt angekommen. Sie war ganz klar und ganz ruhig.

Das war ihr ganz persönlicher Durchbruch.

Sarah erkannte, dass die Gefühle der Schlüssel sein können: agiere ich aus der Angst heraus? Oder tue ich etwas aus Liebe?

Sie wunderte sich, dass sie sich nicht mehr über André ärgerte. Jetzt endlich verstand sie den Abschnitt in dem Journal über das Ablegen der Opferrolle:

„Die Opferrolle legst du ab, indem du dich nicht mehr ärgerst.

Wenn du dich länger als ein paar Tage über irgendetwas ärgerst, dann ist es sinnvoll, sich das genauer anzusehen."

Wenn dich irgendetwas an einer Situation stört, dann schau mal, womit genau du in Resonanz gehst.

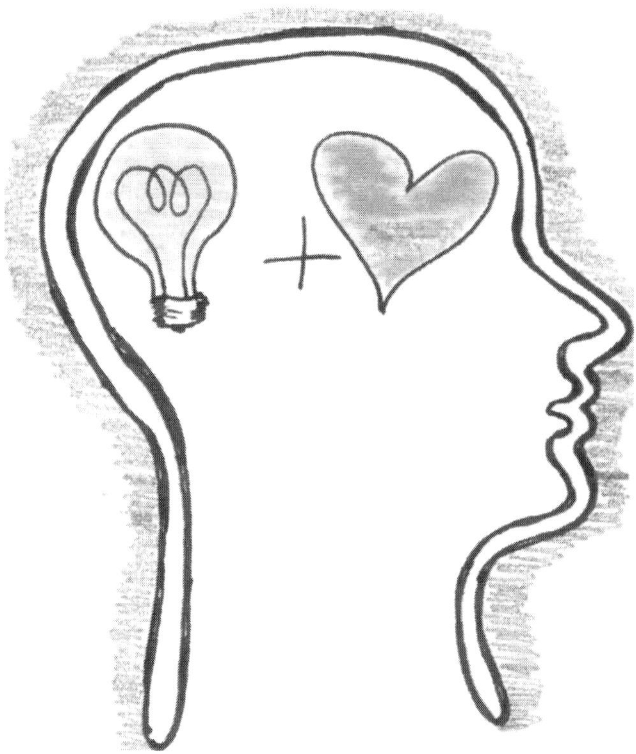

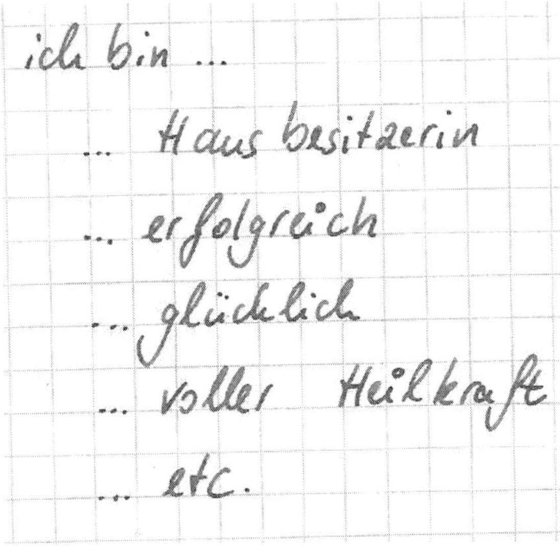

„In Resonanz gehen" kommt aus der Musik. Man spielt eine Saite an und etwas anderes kann ins Mitschwingen geraten. Es geht in Resonanz. Warum also geht man in Resonanz mit einer Situation? Irgendetwas an der Situation oder an dem Charakter oder an den Eigenschaften der anderen Person ärgert einen. Das hat irgendetwas mit einem selbst zu tun. Wenn man es zulässt, dass man sich über eine Situation oder über eine Person ärgert, kann das schnell zu einer pessimistischen Haltung führen. Ist das schon eine typische Opfer-Haltung? Kann man das auflösen, damit es gar nicht erst so weit kommt? Was genau ärgert mich an der Situation? Oder was genau stört mich an den persönlichen Eigenschaften der anderen Beteiligten? Wenn einen etwas an einer anderen Person stört, kann man schauen, ob diese Eigenschaft in uns zu viel oder zu wenig vorkommt. Es gibt immer einen Grund, warum wir uns überhaupt dazu hingezogen fühlen. Wie war das mit der klassischen Schattenarbeit? „Schatten" ist das, was wir unterdrücken möchten. Eine Eigenschaft von uns, von der wir nicht möchten, dass andere sie sehen, oder dass diese Eigenschaft an die Oberfläche kommt. Oder ins Licht gerät. Das sind Eigenschaften, die vielleicht nicht in unserer Gesellschaft anerkannt sind. Wenn man sich darüber bewusstwird, kann man es auflösen. Vielleicht hat man selbst zu viel oder zu wenig von einer gewissen Charaktereigenschaft." Beim Lesen dieser Zeilen dachte Sarah daran, wie sehr sie früher von Andrés Verhalten getriggert wurde. Wenn er schon wieder Sachen selbst bestimmen wollte. Jetzt dachte sie, es hatte sie geärgert, weil sie zu wenig selbst-bestimmt war. Im Grunde kann es auch was Gutes sein, dass man solche negativen Gefühle hatte. Das Universum zeigt einem damit, wo ein Ungleichgewicht vorliegt.

Sarah legte sich mit einem neuen Gefühl ins Bett. Sie freute sich über die Ruhe in ihrem Herzen.

Es war, als ob sie sich mit ihren Problemen anfreundete. „Und das ist die größte Aufgabe in unserem Leben, unser Schicksal zu akzeptieren und umzuwandeln. Die Fehler unserer Eltern zu verzeihen und uns irgendwann selbst zu verzeihen", kam ihr wieder in den Sinn.

Sarah nahm sich vor, Körper, Seele und Geist zusammen einzubeziehen. Also ganzheitlich etwas für sich zu tun. Den alten

Stress auch im Körper loslassen. Egal ob es mit einer Massage war oder tanzen oder joggen. Beim Joggen wollte sie ein positives Mantra verankern. Zum Beispiel: „Ich liebe mich so wie ich bin".

Sie fühlte sich komplett ausgeglichen. Da fiel ihr ein, dass die Vorstellungskraft am besten abends kurz vor dem Einschlafen oder morgens kurz nach dem Wachwerden funktionierte. Für den nächsten Tag visualisierte sie, dass sie gut in ihrer neuen Wohnung angekommen ist. Und wie sich das anfühlt, schon angekommen zu sein. Ein wohliges Gefühl machte sich in ihr breit, als sie selig in den Schlaf sank.

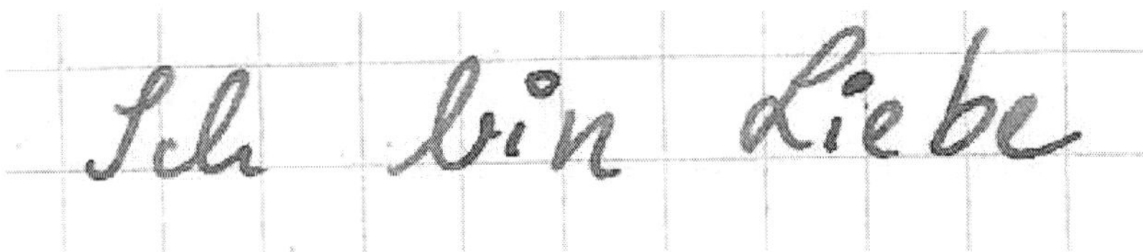

KAPITEL 20 – ZUHAUSE ANGEKOMMEN

Am nächsten Tag traf alles so ein, wie sie es sich wünschte. Ihre Freunde halfen ihr, die Kartons in die Autos zu tragen, und gemeinsam fuhren sie in ihr neues Reich. Und so wie sie ihrer Seele in ihrem Körper ein Zuhause gab, so gab sie jetzt ihrem Körper in ihrer neuen Wohnung ein Zuhause. Und es fühlte sich großartig an.

Ihre Freundin schaute sie erstaunt an: „Wow, Sarah, du siehst so anders aus! Du schaust richtig glücklich aus! Was hast du gemacht? War es das Journal, wovon du mir erzählt hast?" - „Ach weißt du", antwortete Sarah „Es war die Umsetzung der Ratschläge. Und das Verständnis, was genau das mit meinem Leben zu tun hat. Das war das Entscheidende. Wir alle haben tolle Sprüche, die unsere Teetassen zieren. Aber wenn man etwas tiefer geht, kann man seine alten negativen Muster transformieren. Ich habe einfach eine Liste gemacht und habe mir genau angeschaut, wie ich wieder die Verantwortung für mein Leben übernehmen kann. Und wenn es bei Kleinigkeiten funktioniert, kann es auch bei wichtigeren Sachen funktionieren. Es macht Spaß das auszuprobieren! Und noch etwas. Du musst dir auch selbst verzeihen, wenn mal was schiefläuft. Wer weiß schon, welche Erfahrungen deine Seele machen will. Im Nachhinein gesehen und vom großen Ganzen betrachtet, waren diese Erfahrungen vielleicht wichtig für uns. Wenn man sich komplett seinem Schicksal hingibt, kann man immer noch inneren Frieden erlangen. Und in diesem Zustand findet wahre Transformation statt." - „Ich glaube ich würde mich gar nicht trauen." antwortete ihre Freundin. „Ja, ich weiß, was du meinst. Es braucht Mut. Bei mir war es so, je näher ich mich meiner Angst stellte, desto kleiner wurde sie. Das Gute ist, bei vielen

Methoden braucht man nicht mehr durch die alte negative Erfahrung hindurchzugehen. Es gibt sanfte Methoden dafür." - „Ich wüsste gar nicht wo ich anfangen sollte..." meinte ihre Freundin. „Warum gehst du nicht zu einem guten Heilpraktiker oder Berater?", antwortete Sarah. „Für den Anfang ist das bestimmt hilfreich. Oder du fragst meine Oma, ob sie dich adoptiert!" Die beiden Freundinnen lachten und umarmten sich.

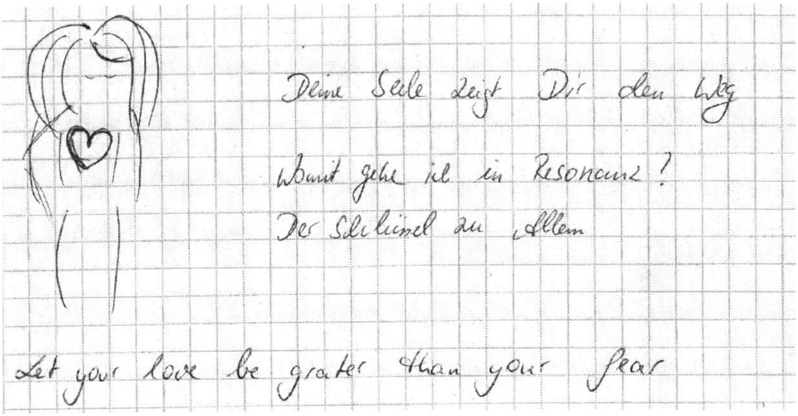

Abends saßen sie zusammen um den neuen alten Küchentisch herum und feierten mit einem Glas Wein und Spaghetti Bolognese, die ihre Tante in großen Töpfen angeliefert hatte. Das Leben war perfekt! Sarah schaute sich um und ihr Herz ging auf! Die Atmosphäre in der Küche an diesem Abend erinnerte sie an die schönste Zeit in Italien. Wo die ganze Familie um den Küchentisch herum saß und alle glücklich waren. Es wurde auch hier viel geredet und gelacht. Liebe und Lebenslust, das war, was Sarah tief in ihrem Innern verspürte. Und genau so, genau so, wie sie da alle um den Küchentisch herumsaßen, genau so hatte sie sich das vorgestellt. Etwas zu manifestieren funktionierte also doch! Aber anscheinend nur, wenn man es ganzheitlich anging. Und die Gefühle schienen dabei wichtig zu sein. Wenn man tief im Herzen zufrieden war und sich vorstellte, dass das Gewünschte bereits eingetroffen war, dann schien es zu funktionieren. Das war das Geheimnis, wovon ihre Oma immer sprach. Das wurde ihr blitzartig klar. Im Grunde bedeutete das ja auch wieder, dass man nicht in einem Mangelgefühl war, sondern in einem Gefühl der Fülle und des Vertrauens oder der Verbundenheit zur Quelle. Sei das Energie-Wesen verbunden mit der Urquelle, zu dem du bestimmt bist!

Sarah dachte noch: "Wow, und wenn das im Kleinen funktioniert, warum dann nicht auch im Großen?" Vielleicht manifestierte sie sich für das nächste Mal direkt eine Villa. Aber wer putzte dann die ganzen Räume? Sarah lachte. Eigentlich brauchte sie nur ein bisschen Platz für ihre Katzen und sich. Der Park um die Ecke war ihr momentan wichtiger als eine große Villa. Lachen, Lebensfreude, Zusammenhalt waren wichtig. Welche Rolle spielten da materielle Werte? Keine. Mach dich mal locker, Sarah, sagte sie zu sich selbst. Nicht auf das Wo kommt es an, sondern auf das Wie.

Es ist nicht das Materielle, was man manifestiert, sondern die Version von dir, die das schon hat. Oder einer Version von dir, der äußere Umstände egal sind.

„Hey," lachte Opa. „Das eingelegte Zwiebel-Chutney ist noch gut, es ist erst elf Jahre alt. Der Deckel war noch ungeöffnet. Wer hat den Mut, es noch zu essen?" Lautes Gelächter machte sich breit. Es war ein interner Witz, dass Oma und Opa nichts wegschmeißen wollten. Erst recht keine selbstgemachten Chutneys. „Wow, gib her, ich trau mich. Ich brauche eine waghalsige Mutprobe!" lachte ihr Vater. „Vergiss nicht, das leere Einmachglas an Oma zurückzugeben. Ansonsten bist du einen Kopf kürzer und deine Mission war waghalsiger als du dachtest!" antwortete Opa. Alle brüllten und brachen wieder in schallendes Gelächter aus. Leere Einmachgläser nicht zurückzubringen war in ihrer Familie eine Todsünde.

Da schrie Oma: „Mein altes Tagebuch, mein Journal! Gott, habe ich das lange nicht mehr gesehen!" Ihre Großmutter nahm das alte Journal in die Hände. „Ja, Oma. Das hat mich gerettet! Vielen Dank dafür!"

Im Rückblick gesehen war diese Krise das Beste, was Sarah passieren konnte. So fand sie zu sich selbst zurück. Es war noch ein Weg vor ihr, aber sie spürte tief in ihrem Innern, dass sie jetzt einen guten Leitfaden an der Hand hielt. Dieser Leitfaden war wie eine Lampe, die ihr in dunklen Zeiten ein Licht geben würde.

Wie ein Kompass in stürmischen Zeiten. Ein Kompass, der ihr den richtigen Weg zeigte.

Ihre Seele fühlte sich wie im Himmel. Innerlich zeigte sich ihr ein Bild der Freude. Auf dem ehemals kargen Wüstenboden sprießen farbige Blumen heraus, die ihre Lebensfreude widerspiegelten.

Ein freudiges Entzücken lief ihr über den Rücken. Es war nur ein kurzer Augenblick. Aber sie nahm sich vor, solche schönen Empfindungen ab jetzt bewusster wahrzunehmen.

Sie nahm sich vor, die Liebe auf allen Ebenen zu spüren.

Und sie nahm sich vor, ihrer Seele ein Zuhause zu geben: in ihrem Körper sowie in ihrer neuen Wohnung.

Sie konnte nicht erwarten, was das Leben für sie bereithielt. Und welche Abenteuer auf sie warteten. Tief im Innern konnte sie es fühlen.

Sie war erfüllt mit Vorfreude und Liebe.

Quellen der Inspiration:

Auf meinem Weg wurde ich begleitet und inspiriert von:

Irenka Herbert, danke, dass Du mich vor über 20 Jahren an meine innere Kraft erinnert hast (RIP).

Marianne Bresgen, shamanartwork, Heimbach

Maya de Vries, EFT- und TBT-Trainerin (Trauma Buster Technique), Köln

Jürgen Lehmacher, Bewusst besser Leben, Gemünd

Powerfragen: frei nach Noah St. John

Visualisierungstechnik frei nach Neville Goddard: „Self talk creates reality"

Danke an Werner Hoffmann. Du hast mir im richtigen Augenblick den richtigen Hinweis gegeben.

und viele mehr... ∞ Danke

Glossar:

Journal: Notizbuch, Tagebuch

Ganzheitlich S. 7 - Körper, Seele, Geist und spirituelle Verbindung zur Urquelle (Gott)

Melancholie S. 15 – eine Gefühlspalette, wenn man unter Weltschmerz und Trübsinn leidet

Visualisierung S. 15 – sich etwas bildlich vorstellen

Intuition S. 16 – eine innere Eingebung, innere Stimme... göttliche Eingebung....

Manifestieren S. 16 – einen gewünschten Zustand erreichen, nicht nur geistig, sondern auch real

Uplifting S. 19 – Erleichterung, moralisch aufbauend (englisch)

Spirituell S. 19 - Mit Spiritualität wird oft die geistige Verbindung zu einer höheren Instanz oder zu anderen Menschen beschrieben. Ein spirituelles Erlebnis ist z.B., wenn wir uns im Innern mit einer höheren Instanz verbunden und dadurch erfüllt fühlen.

Ressource S. 21 - Eine Ressource ist ein Mittel, um etwas zu erreichen. Nahrung ist z.B. eine Ressource. Man spricht von immateriellen Ressourcen, wenn man z.B. von einer inneren Stärke oder Resilienz spricht.

pick me up S. 22 – Muntermacher (ein Kaffee am frühen Morgen könnte ein „pick me up" sein) oder etwas, was Mut macht. Englisch: heb mich hoch

Heureka S. 22 – altgriechisch: Ich habe es gefunden

Resonanz S. 23 - Mitschwingen, Mittönen

Mantra S. 28 – Mantras sind heilige Worte, die laut oder in Gedanken, gesungen oder rezitiert werden. Manche sind tausende von Jahren alt und werden als Werkzeug für den Geist genutzt

Fokus S. 28 – Aufmerksamkeit, Schwerpunkt, Mittelpunkt

Help S. 36 – Hilfe (englisch)

Deadline S. 37 – kommt aus dem Geschäftsleben und ist ein fester Termin oder eine Frist

Urquelle S. 44 – ursprüngliche Quelle unseres Seins/ Gott

Transformation S. 47 – Veränderung, Entwicklung

Loser S. 52 – Verlierer(in) (englisch)

Ritual S. 53 – eine heilige Zeremonie, die die Erfüllung der Symbolik im Diesseits erstrebt. Eine mystische Handlung, die die Teilnehmer dem Göttlichen näherbringt. Wiederholungen, die fester Bestandteil eines Tages- oder Jahresrhythmus sind. Heutzutage gibt es auch Rituale, die keine spirituelle Bedeutung haben. Zum Beispiel Kerzen auspusten auf der Geburtstagstorte.

Klopfakupressur S. 63 – Durch leichtes Klopfen an bestimmten Akupressur- oder Meridianpunkten soll das Energiesystem wieder ins Gleichgewicht gebracht werden. Hierzu werden keine Nadeln wie bei der Akupunktur genutzt.

Traumata S. 65 – Plural von Trauma

Trauma – ist ein starker emotionaler und/ oder körperlicher Schock, mit oder ohne akute Schmerzen, der lange anhalten kann. Es wurde meistens durch eine schlimme Erfahrung, einen Unfall oder Angriff ausgelöst.

Homöostase S. 65 – Anstrebung eines Gleichgewichtes durch Selbstregulierung

Disbalance S. 71 – Ungleichgewicht (englisch)

Learning by doing S. 73 – grob übersetzt: man lernt durch das machen (englisch) oder man lernt beim Tun

Master your mind S. 80 – Beherrsche deinen Geist (englisch)

Challenge S. 87 – Herausforderung (englisch)

„UB“ S. 101 – Unterbewusstsein Abk.

Deal S. 109 – Abmachung/ Vereinbarung (englisch)

Let your love be greater than your fear S. 130 - Lass deine Liebe stärker als deine Angst sein (englisch)

Zwiebel-Chutney S. 132 – eingelegte Früchte od. Gemüse und Gewürze, meistens als herzhafte Beilage

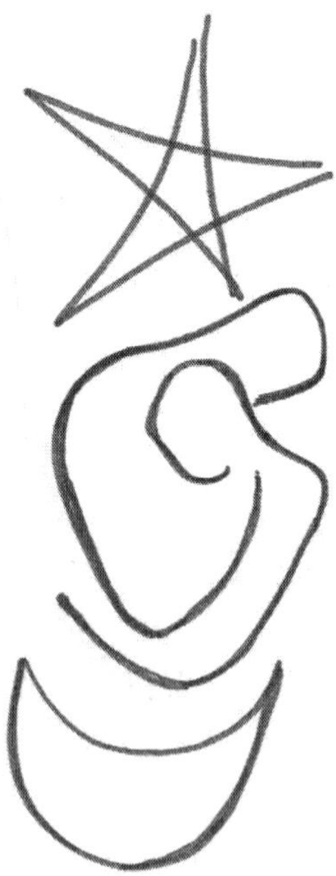

Inhaltsthemen:

Atmung

Fokus

Fokus-Sätze

Seelenteile annehmen

„Warum“- Fragen

Im Hier und Jetzt leben

Innere Widerstände abbauen

Vorstellungskraft stärken

Systemische Arbeit: (versteckte) Loyalitäten in der Familie oder im Beruf

Motivation (Angst oder Liebe)

Denkmuster überprüfen

Sich selbst annehmen

Sich selbst verzeihen (auch für „Fehl“-Entscheidungen)

Loslassen

Womit gehe ich in Resonanz bzw. was triggert mich?

Opferrolle ablegen

Inneren Saboteur transformieren

Beende die Selbstsabotage

Keine Angst vor Entscheidungen

Alle guten Gründe würdigen (auch an einer unerwünschten Situation)

Emotionen dechiffrieren

Wer übernimmt die Verantwortung?

Worauf vertraue ich?

Welche Werte sind mir jetzt wichtig?

Was inspiriert mich?

Auf Hilfe von außen warten oder von innen heraus die Sachen selbst in die Hände nehmen?

Selbstbestimmt leben

Spiegelarbeit (was ärgert mich an anderen Personen?)

Sei Du selbst: eine Energiequelle

Eigene Werte neu definieren

Am Verstand vorbei zum Unterbewusstsein

Vererbte Blockaden transformieren

Alte Glaubensmuster umstrukturieren

Beziehungen verbessern

Burnout-Prävention

Dem Leben eine neue Ausrichtung geben

Selbstverwirklichung

Innerer Frieden – emotionale Stabilität

Scham und Schuldgefühle

Sekundärer Krankheitsgewinn

Sarahs Mantra: Ich danke dem Universum für diese wunderbare Möglichkeit ... (das einsetzen, was man sich wünscht. 21 Tage morgens kurz nach dem Aufwachen und abends kurz vor dem Einschlafen sagen und fühlen. Es im ganzen Körper fühlen...)

Über die Autorin:

Myriam Adams (Jahrgang 1971) wuchs bei ihren Großeltern in der Eifel auf. Schon als Kind war ihr Lieblingsort der Wald. Später zog sie zu ihren Eltern nach Düsseldorf und arbeitete nach Abschluss ihrer Ausbildung als Speditionskauffrau. Von 1995 bis 2007 lebte Myriam Adams in Wales, wo ihr Interesse an alternativen Selbsthilfemethoden geweckt wurde. 2006 machte sie sich als ganzheitliche Massage Therapeutin (Holistic Massage Therapist, ITEC, Großbritannien) und Coach selbstständig.

Myriam Adams bietet Seminare und Workshops zu den Themen „Ganzheitliche Selbstfindung" sowie „Arbeit mit dem Unterbewusstsein" an.

Aktuelle Schwerpunkte ihrer Arbeit als Seelenarchäologin sind „Die Auflösung von transgenerationaler Weitergabe emotionaler Belastungen" sowie „Das erfolgreiche Ablegen der Opferrolle".

Weitere Informationen und aktuelle Termine finden Sie auf den Webseiten:

www.sarahskompass.de

Foto: Julian Hoffmeister

www.ganzheitlichundgesund.com